삶이란 꿈에서 깨어나다
임모틀맨 I

네빌고다드 지음

서른세개의 계단

펴낸곳 서른세개의 계단

사색에만 빠진 철학은 삶과의 괴리를 만들고, 현실의 이익에만 눈을 돌린 자기계발은 삶의 의미를 잃고 방황하게 만듭니다. 그래서 실천적인 형이상학, 즉 현실에 도움이 되면서 삶의 의미를 명확하게 할 수 있는 책을 발간하고자 하는 것이 서른세개의 계단 출판사의 목표입니다. 계속 좋은 책을 발간하도록 노력하겠습니다.

나에게 주어진 유일한 과업은
나의 관념을 고귀하고 위대한 것으로 채우는 것뿐이다

네빌 고다드

네빌고다드의 삶

요약

네빌 고다드(Neville Goddard, 1905년 ~ 1972년)는 영국령 서인도 제도 출생의 형이상학자이자 강연자이다. 현재의 수수께끼로 대두되는 끌어당김의 법칙을 1930년대에 강연했다.

생애

서인도제도의 바베이도스에서 1905년 9남 1녀 중 넷째로 태어났다. 17살이 되던 해 드라마를 배우기 위해 미국으로 건너간다. 댄서생활을 하던 중 친구가 소개해준 책을 통해 형이상학을 접한다. 형이상학에 대한 관심이 높아가던 중 당시 카발라, 성경의 비의적 해석, 히브리어, 상상의 법칙에 대해 강연하던 에티오피아 랍비인 압둘라를 만나게 된다. 그의 강의에 매료된 네빌고다드는 7년 동안 매일 그에게 "법칙"에 관한 것들을 배운다. 그 후 자신이 깨달은 것과 경험한 것을 로스앤젤레스, 뉴욕, 샌프란시스코를 중심으로 미국 전역에 강연을 한다. 생소했던 강의는 점차 사람들의 눈길을 끌어, 만원사례를 이루게 된다.

법칙

그의 초반 강의의 핵심은 '상상이 현실을 창조한다'는 것이다. 이것을 법칙이라고 말한다.

압둘라는 네빌에게 두 번의 죽음이 올 것이라고 예언했는데, 여기서 죽음이란 과거의 시야에서 벗어나 완전히 새로운 시야를 갖게 되는 경험을 상징적으로 표현한 단어이다. 첫 번째 죽음은 그가 뉴욕에서 바베이도스에 가고 싶다는 소망이 생겼을 때이다. 그는 자신의 상상력을 사용해 소망을 현실로 만들어내는 첫 번째 경험을 하게 된다. 이로써 상상이 현실을 창조한다는 확신을 갖게 되면서 세상을 바라보는 시야가 뒤바뀌게 된다.

압둘라가 세상을 떠난 후 네빌은 그가 압둘라에게 배웠던 "법칙"을 미국 전역에 강의한다. 그러던 중 그는 압둘라가 예언했던 또 한 번의 상징적인 죽음을 맞이하게 된다. 그것은 약속이다.

약속

네빌은 1959년부터 1260일에 걸쳐 일정한 내면의 경험을 갖는다. 그것은 자신 안에서 또 하나의 자아가 깨어나는 신비적이면서 상징적인 경험이었다. 그는 이렇게 말했다.

"나는 이것을 경험하기 전까지는 그 누구에게서 들어본 적도 없었습니다. 이 경험은 그 해 여름에 시작되어 3년 반 동안 진행되었습니다."

이 경험을 겪은 후 1960년도와 1970년도의 강연에서는 법칙보다 약속을 더 강조했다.

"당신은 상상의 힘을 이용해서 자신의 환경을 바꿀 수 있습니다. 하지만 그것은 영원하지 않습니다. 당신은 상상력을 이용해서, 큰 부를 얻거나, 유명해지거나, 이런 일들을 할 수 있습니다. 하지만 당신이란 존재의 진짜 목적은 단지 이것만이 아닙니다. 바로 약속을 성취하는 것입니다."

삶과 죽음에 대한 관점

그는 죽음에 대해 이렇게 말했다. "당신은 문을 열고 새로운 곳으로 가게 됩니다. 우린 그 문을 죽음이라고 말합니다. 죽음은 단지 그뿐입니다. 우리가 죽은 즉시, 다시 이 세상처럼 회복됩니다. 지금 이 땅에서 가졌던 것과 같은 문제를 지니면서 그 세상에서도 우리의 정체성을 이어가게 됩니다. 그곳에서도 성장하고, 결혼하고, 이곳에서 지녔던 죽음에 대한 공포도 똑같이 지닌 채 죽습니다. 만약 약속을 경험하지 못한 채 죽음을 겪게 된다면 자신의 과업을 가장 잘 성취할 수 있는 장소를 골라, 그곳에서 태어나 죽고, 태어나 죽고를 반복합니다. 그러다가 결국 당신 안에 그리스도가 생겨나면 그때 당신은 부활의 아들이 되어 더 이상은 이 죽음의 세상에 돌아오지 않습니다."

그는 자신이 죽기 전 강의에서 이렇게 말했다. "제게 주어진 시간이 짧다는 것을 전 압니다. 전 이 땅에서 제게 주어진 일들을 다 마쳤기 때문에 이곳을 떠나기를 열렬히 바라고 있습니다. 약속은 이미 제게서 이루어졌기에 전 이 3차원의 세상으로 다시 돌아오지는 않을 것입니다. 하지만 제가 어디에 있든, 저는 지금 이곳에서 여러분들을 알아보는 것처럼 그곳에서도 여러분들을 알아볼 것입니다. 왜냐하면 우리는 사랑이란 무한한 끈 안에 묶여 있는, 하나의 형제이기 때문입니다."

네빌은 1972년 10월 1일에 67세의 나이로 이 땅의 삶을 마쳤다. 압둘라의 또 다른 제자였던 조셉머피는 네빌에 대해 이렇게 말했다.

"결국 세상 사람들은 네빌을 가장 위대한 신비가로 인식하게 될 날이 오게 될 것입니다."

역자 서문

의식은 형체나 모양도 없으며 그것이 스스로를 생각한 것에 맞춰 어떤 형체, 모양도 취할 수 있습니다. 네빌고다드는 이것을 I AM, 혹은 상상력(상상의 주체)이라고 말했습니다.

이것의 가장 두드러진 속성은 자유로움입니다. 그 무엇도 될 수 있기에, 그 무엇에도 얽매이지 않습니다. 하지만 우리는 육신이라는 것에 매여 있고, 오감이라는 것에 매여 있고, 이성이라는 것에 매여 있고, 과거의 나의 흔적들에 매여 있습니다. 그래서 의식 본연의 자유로움은 스스로 한계와 제한 속에 갇혀 있는 상태입니다. 우리의 의식을, I AM을, 상상력을, 그리고 나의 참자아를 본연의 자유로운 상태로 회복하는 것이 네빌고다드 강의의 목표입니다.

이런 관점에서 네빌고다드 강의를 한 단어로 요약하면 움직임(movement)이라고 할 수 있습니다. 다시 말해 우리는 네빌고다드 강의를 통해 의식의 이동에 대해 배우게 됩니다. 단순히 장소적인 이동뿐만이 아니라 하나의 상태에서 다른 상태로 의식이 자유롭게 옮겨가는 것도 포함됩니다.

네빌고다드는 두 가지 "의식의 이동(movement)"에 대해 말합니다. 하나는 우리의 현 상태에서 우리가 소망하는 상태로 옮겨가는 이동을 말하고, 다른 하나는 우리의 의식이 궁극적인 자유라는 방향성을 가지고 삶의 여정을 따라 조금씩 그 목적지로 이동하는 것을 말합니다. 전자는 일시적인 의식의 이동, 후자는 궁극적인 의식의 이동이라 말할 수 있습니다.

우리의 의식이 경험한 것은 외부세계로 펼쳐져 나오는 원리가 있습니다. "내부에서 그런 것처럼, 외부에서도(As within, So without)"라는 법칙으로 말해집니다. 이것을 이용하여, 우리는 소망하는 것이 있을 때 먼저 상상속에서 경험을 합니다. 우리가 지금 가난한 상태라면 우리의 의식은 대부분 이성과 감각에 의존하기 때문에 가난한 상태에 매여 있게 됩니다. 그래서 가난하다는 관점에서 생각들이 자연스럽게 펼쳐집니다. 이때 우리는 상상력을 이용해 풍요로운 상태로 옮겨갑니다. 풍요로운 상태를 느끼다보면 다시금 관성처럼 이성과 감각이 말하는 가난한 현 상태로 돌아오고, 다시 풍요로운 상태를 느끼고, 이런 반복을 지속하다보면 어느 순간 풍요로운 상태에 의식이 고정되는 것(crucifixion)을 경험하게 됩니다. 이때 풍요로운 생각이 자연스럽게 펼쳐져 나가면서 내부에서 고정된 것이 외부로 펼쳐지게(As within, so without) 됩니다. 이것이 두 가지 의식의 이동 중 첫 번째 것으로, 흔히 소망을 이루는 법칙으로 알려져 있습니다. 하지만 그 핵심은 의식의 이동입니다.

다른 하나는 궁극적인 이동으로, "약속"이라고 불립니다.

사람들은 흔히 우리의 삶을 우연의 연속이고, 자연발생적인 것이라 생각합니다. 마치 동물이 태어나 어떤 우연적인 일들을 겪는 것과 다르지 않다고 생각합니다. 하지만 우리의 삶은, 마치 하나의 씨앗이 그 본연의 아름다움을 점차 펼쳐내는 것처럼, 우리 안에 심어진 거대한 씨앗이 경험의 토양을 통해 펼쳐지고 있는 중이라고 합니다. 다시 말해 우리 내부 깊은 곳에서는 본연의 거대함과 위대함을 펼쳐낼 계획이 심어져 있습니다.

경험이라는 것은 이 거대한 목적에 맞춰 우연을 가장한 필연으로 나타납니다. 이 과정 중에 의식은, 내 안의 거대한 본성을 펼쳐낸다는 목적지를 향해 아주 천천히 움직이고 있는 중입니다. 우리의 삶은 이런 방향성을 띠고 있고, 이것에 맞춰 삶의 모든 경험들은 특정한 "영적인 상태, 혹은 영원의 상태"들을 거치며 내면에 잠재되었던 생생한 환상이 펼쳐져 나오게 됩니다.

이 환상의 목적은 내 안의 거대한 자아를 가두고 있던 것들이 하나씩 그 구속을 풀어내는 것에 대한 증거입니다. 네빌고다드는 성경에 이런 구속의 형태를 깨는 환상이 상징적으로 기록되어 있고, 인간 안에는 이런 패턴이 심어져 있다가 하나씩 생생한 환상으로 경험한다고 말합니다.

우리는 지금 아주 비루한 삶을 살고 있다고 생각할 수도 있고, 어쩌면 도저히 빠져나갈 수 없는 상황에 직면하고 있다고 생각할 수도 있습니다. 하지만 이 가장 비참한 상황 속에서도 변하지 않는 진실이 하나 있다면, 우리 안에는 무한한 신성이 잠재되어 있다는 것입니다. 그 무한한 신성은 지금의 원치 않은 현실을, 원하는 현실로 바꿀 수 있습니다. 그리고 단순히 삶의 변화를 넘어, 그 거대한 신성이 어느 날 "나(I AM)"라는 존재로 깨어나게 될 것이라고 말합니다.

이 책 임모틀맨은 마가렛부름이 네빌고다드 강의 중에 핵심들이라 생각한 것만을 엮은 책입니다. 이 책의 대부분은 네빌고다드가 육신을 벗기 직전의 강의들로, 법칙과 약속의 핵심이 고스란히 담겨져 있습니다.

이 책을 통해 삶이 보다 앞으로 나갈 수 있게 되기를 희망해봅니다.

옮긴이 이상민

CONTENTS

004 네빌고다드의 생애
008 역자서문

Chapter 1 자신을 시험해보라	16
Test Yourselves	
Chapter 2 신성한 탈출구	40
Divine Breakthroughs	
Chapter 3 상상력, 만물의 기초	58
Imagination, The Basis Of All That Is!	
Chapter 4 궁극적인 결말, 일시적인 결말	82
Ends Ultimate And Temporary	
Chapter 5 믿음이 있는 상상력	114
Trust Imagination	
Chapter 6 불멸의 인간	132
Immortal Man	

Chapter 7 용서의 힘   160
The Mystery of Forgiveness

Chapter 8 고난을 주었던 자   178
Whom God Has Afflicted

Chapter 9 심은 대로   204
As A Man Sows

Chapter 10 안식일   226
Keep the Sabbath

Chapter 11 인간이 무엇이길래   250
What Is Man?

우리가 진리를 듣는 자를 넘어서,
이 삶 한 가운데에서 진실로 진리를 실천하는 자가 되어야만 합니다

IMMORTAL MAN

NEVILLE GODDARD

Test Yourselves
자신을 시험해보라

나는 영원한 세상을 열어,
인간이 가진 불멸의 눈을 뜨게 해서
생각의 세상으로 가기 위해,
하느님의 가슴 속에 영원히 확장되는 영원함으로 가기 위해,
나의 위대한 작업을 쉬지 않는다.
그 작업터는 바로 인간의 상상력이다.

—블레이크 〈예루살렘〉 5:18-20

인간에게는 불멸하는 몸이 있는데, 상상력이 바로 그것입니다. 그리고 그것은 하느님이자, 우리가 성경에서 예수 그리스도라 부르는 존재입니다. 성경은 우리가 믿음을 지니고 있는지 자신을 시험해보라고 말합니다. 바울은 "당신을 시험해보라. 당신은 예수 그리스도가 당신 안에 있다는 것을 알지 못합니까?"라고 말했

습니다. 만일 그리스도가 당신 안에 있다는 것을 알지 못한다면 시험에 통과하지 못한 것입니다.

당신이 예수 그리스도라는 단어나 하느님이라는 단어를 듣게 되는 순간, 당신에 대한 시험은 시작됩니다. 이 시험에 통과했는지 아닌지는 오직 당신 자신만이 판단할 수 있습니다. 만약 예수 그리스도나 하느님이라는 단어를 들었을 때 그것이 당신 외부의 무언가를 떠오르게 하였다면 시험을 통과하지 못한 것입니다. 하느님, 예수, 그리스도, 주라는 단어를 듣고 당신의 마음이 당신 외부(인간 외부)에 있는 어떤 존재로 향했다면 시험을 통과하지 못한 것입니다.

성경에서는 "그분에 의해서 모든 것이 만들어졌으며 그분이 없이는 만들어진 그 무엇도 없더라."고 말합니다. 제가 말하고자 하는 것은 "그분"이 바로 여러분의 경이로운 상상력이라는 것입니다. 이 세상에 지금 나타나 있는 것은 한 때는 상상 속에 존재했던 것입니다. 이것이 모든 비밀 중에서 가장 위대한 비밀이며, 상상의 비밀입니다. 당신과 나, 그리고 이 세상의 모든 사람들이 가장 알려고 해야만 하는 것입니다. 왜냐하면 상상의 비밀은 문제에 대한 해답 중에 최상의 열쇠를 제공해주는, 모든 사람들이 구해야만 하는 것이기 때문입니다. 최상의 힘, 최상의 지혜, 최상의 즐거움이 상상의 신비를 풀어내는 것 안에 있습니다.

만약 당신이 상상력을 발견한다면 '경이로운 당신의 상상력'이라는 우주의 창조력을 발견한 것이기 때문에 하느님도 발견하게 된 것입니다. 그런데 상상력은 우리가 소망이 성취된 것을 상상해낼 때까지는 아무 일도 하지 않을 것입니다. 세익스피어는 이렇게 말했습니다.

"태초의 상태부터 이런 가르침이 있었지. 지금의 그는 그가 이 모습이 될 때까지는 그저 소망이었다고."

당신과 나에게는 소망이 있습니다. 그러면 우리는 원하는 것을 뚜렷하게 만듭니다. 이제 이것을 어떻게 실현시키나요? 만일 이 소망을 실현시킬 힘이 우리 안에 있다면 우리는 이것의 작동법을 배워야만 합니다. 이것을 실현시켜 줄 외부의 누군가를 찾으려 해서는 안 됩니다. 우리 안에 이 힘이 있기 때문입니다.

어떻게 그것을 작동시키나요? 이런 식으로 설명할 수 있습니다. 바깥세상의 바람을 내면세상에서 소유하는 것이 성공의 방법입니다. 이 소망이 진실인 것처럼 상상하십시오. 소망이 이루어진 것이 진실이라면 어떤 느낌을 받을까요?

소망이 성취된 느낌에서부터 시작합니다. 내가 이미 도착했다는, 이미 나의 목적을 이루어냈다는 느낌으로부터 시작해야만 합니다. 그 후에 만일 이것이 진실이었다면 내가 가졌을 느낌을 잡아내고 그 분위기에 젖으세요. 이것을 해낸다면 꿈은 나의 세상에서 현실이 되어 나타날 것입니다.

한 여성분은 최근에 피츠버그에 방문했던 이야기를 제게 해주었습니다. 그녀의 친구들은 불경기처럼 보이는 상황 때문에 약간 의기소침한 상태였습니다. 한 친구는 존스 로린이라는 우리나라에서 가장 큰 철강 회사에서 27년간 일했습니다. 이제 3년만 더 일하면 아주 괜찮은 퇴직 기금을 받고 은퇴할 수 있는 조건이 되고, 6년만 더 일하면 사회보장기금을 탈 수도 있게 됩니다. 그런데 지난 몇 달 동안 회사는 4천명의 근로자를 해고했고, 이제는 공장 문을 닫는다는 소문마저 돌기 시작했습니다.

성경에서는 우리 존재의 가장 깊은 곳에서 꿈과 환상이라는 매개체를 통해서 우리에게 말을 걸어오고 있다고 말합니다. 그녀는 제가 예전에 강연장에서 해줬던, 제가 겪은 환상에 대한 이야기를 가지고 이 친구에게 설명했습니다. 환상이라고 부르고 싶다면 그렇게 부르십시오. 그런데 저에게는 꼭 이 세상처럼 실제였습니다. 제가 겪은 환상은 이렇습니다. 저는 혼의 상태로 아주 거대한 저택이 있는 곳에 있었습니다. 그곳에는 할아버지, 아버지, 아들, 이렇게 삼대(三代)가 있었는데 할아버지의 모습은 보이지 않았습니다.

지금은 이 세상을 떠난 할아버지는 그의 아들과 손자를 위해 어마어마한 재산을 남겼습니다. 아버지는 아들에게 이렇게 말했습니다. "너희 할아버지는 텅 빈 이곳에 서서는, 이렇게 말하곤 했다. '이곳이 텅 빈 곳이었던 때가 기억나는구나.' 그리고는 자신이 원하는 것을 아주 생생하게 현실처럼 묘사하시곤 하셨지. 그러자 이 빈공간은 차츰차츰 변하기 시작했고, 지금 너는 이렇게 할아버지가 세우기 원했던 건물들을 보게 된 것이다. 네 할아버지는 자신의 소망이 완전한 현실인 것처럼 행동했어. 이 텅 빈 공간에서 할아버지가 꿈꾸던 이상에 이미 도달했다는 느낌에서 시작했어."

저는 잠에서 깨어 제가 꿨던 꿈을 회상해보았습니다. 제 존재의 깊숙한 곳에서 저를 가르치기 위해 이런 꿈이 만들어졌다는 것을 알았습니다. 이것은 상상력이라는, 즉 하느님이라는 힘을 위대하게 사용하는 방법 중 하나입니다.

완전히 일어나기에는 이른 시간이었습니다. 그래서 잠자리로 돌아가 다시 꿈을 꿨습니다. 이번에는 제가 할아버지였습니다. 저는 텅 빈 공간에 서서, '이 공간이 텅 비었을 때가 생각나는구나.'라고 말했습니다.

그 여성분은 제가 겪은 이 환상을 친구에게 들려주면서 이렇게 말했습니다.

"너는 회사에서 쫓겨날까봐 두려워하고 있어. 그런데 말이지 나는 지금 네가 두려워했던 때를 과거의 지나가버린 이야기로 기억해줄게. 모든 것이 끝나버렸을 거라고 네가 생각하던 때를 과거로 기억해줄게."

친구는 그녀에게 이런 이야기도 했습니다.

"2년 전에 한 신문사와 인터뷰를 했었어. 나는 꽤 괜찮았다고 생각했는데 이 인터뷰는 어디에도 실리지 않았어. 도대체 무슨 일이 일어났던 건지 모르겠어."

그러자 여성분은 자신이 그 잡지를 읽어줄 것이라고 말했습니다.

"아주 유쾌한 형식으로 쓰인 글이라고 네가 나에게 말해줬으니까, 나는 그 잡지를 지금 내 손에 들고 너에 관한 기사 모두를 읽을 거야."

이런 대화가 오간 것이 3개월 전이었습니다. 최근에 그녀는 제게 이렇게 말했습니다.

"네빌, 저는 잡지 하나를 실제로 받았는데 제 친구가 인터뷰한 유쾌한 기사가 실려 있었어요. 게다가 오늘 아침 라디오에서는 존스 앤 로린 회사가 문을 닫지 않을 것이라고 결정했다고 하네요. 다시 1300만 달러를 투자해서 공장을 현대화시킨데요. 게다가 내년 1월 1일부터는 회사에서 내보냈던 3천명의 직원들을 다시 부를 거라고도 하네요."

그 친구는 마치 하늘을 나는 기분일 것입니다. 하지만 대부분의 사람처럼 그도 또한 이것을 잊을 것입니다. 그리고는 또다시 자신 외부에 있는 신에게 고개를 돌릴 것입니다. 자신에게 일어나게 된 일들을 모두, 어쨌든 일어날 일이라고 생각하게 될 것입니다. 어쨌든 회사는 1300만 달러를 투자했을 것이고, 어쨌든 회사는 4천명의 직원들을 다시 불러들일 생각이었을 것이고, 2년 동안 소식이 없던 자신의 인터뷰 기사는 어쨌든 다시 실렸을 것이라고 말이죠. 이렇게 그는 외부의 잘못된 하느님을 숭배하러 눈먼 길을 떠나게 될 것입니다. 왜냐하면 그는 하느님을 알지 못하기 때문입니다.

유일한 하느님은 당신의 경이로운 상상력입니다. 하느님의 영원하고 영원한 단 하나의 이름은 I AM입니다. 이것은 영원하고 영원한 나의 이름입니다. 성경에서는 이렇게 말합니다.

"그대가 이스라엘의 백성들에게 갔을 때 그들이 '그의 이름이 무언가요?'라고 물으면 그들에게 'I AM, 즉 나라고 인식하고 있는 자(I AM, that is who I AM).'라고 말하라. 나는 온 세대를 거쳐 이 이름으로 알려질 것이다. 이것 외에 다른 이름은 없다."

나는 나에게서 "나(I AM)"라는 부분을 분리할 수 없습니다. 이 IAM이라는 것은 나의, 그리고 당신의 가장 본질적인 부분입니다. 상상력이라는 것을 외부 어딘가에 놓고는 그것을 손으로 가리킬 수 없습니다. 당신이 어떤 일을 하고 있을 때 상상력이라는 것을 관찰할 수 없습니다. 왜냐하면 당신은 상상력이라 불리는 바로 그것이기 때문입니다.

상상력을 시험해볼 수는 있습니다. 지금 내가(I AM) 원하는 모습이 되었다면 난 어떤 느낌일까요? 이 느낌을 잡아내세요. 왜냐하면 운명이 한 사람의 느낌을 결정짓는 것이 아니라, 느낌이 운명을 결정짓기 때문입니다. 우리 인류는 이것을 반대로 하고 있습니다.

백만 달러가 있다면 기분이 좋을 거라고 흔히 말합니다. 이렇게 말하지만 말고, 지금 그것을 가졌다면 당신이 가졌을 느낌을 느껴보십시오. 이 기분을 잡아냈다면 이 기분이 당신의 소망을 단단한 세상에 내놓을 것입니다. 당신이 지금 원하는 사람이 되었다면 어떤 느낌이겠습니까? 이 분위기를 잡아내어 마치 옷 한 벌을 입듯이 두르세요. 그러면 이 분위기는 당신의 세상에 그 상태를 창조해낼 것입니다.

전 제 경험을 통해 창조의 핵심이 느낌이라는 것을 압니다. 저를 지금 사로잡고 있는 느낌으로 인해 저는 어떤 특정한 사람을 만나게 될 것입니다. 제가 아는 사람일 수도 있고, 아니면 전혀 모르는 사람일 수도 있습니다. 하지만 제가 만들어낸 분위기와 비슷한 것을 제 세상 안에 끌어당기고 있는 중입니다. 당신은 하나의 분위기를 잡아낼 수 있고 그것과 비슷한 세상을 창조할 수 있습니다. 누구라도 이 일을 할 수 있습니다. 실제로 지금도 이 일을 하고 있는 중이며, 아침, 점심, 저녁 계속해서 이런 창조행위를 하고 있는 중입니다.

하지만 당신이 어떤 외부의 하느님을 바라보게 된다면 당신은 거짓된 하느님을 보고 있는 것입니다. 외부의 하느님이란 없습니다. 바울은, 당신에게 믿음이 있는지 자신을 시험해보라고 말했습니다. 자신을 시험해보세요. 예수 그리스도가 당신 안에 있다는 것을 깨닫지 못했습니까? 그러지 못했다면 시험에 통과하지 못한 것입니다.

당신은 방금 시험을 받았습니다. 제가 예수 그리스도라는 단어를 사용했을 때 바깥세상의 어떤 존재를 생각했다면 잘못된 예수 그리스도의 상을 지니고 있는 것입니다. 성경에서는 모든 것들이 그분에 의해 만들어지고 그분이 없다면 만들어진 것 중 어떤 것도 만들어지지 않았을 것이라고 말합니다.

주변을 한 번 둘러보세요. 지금 보이는 모든 것은 한 때 상상으로만 존재했던 것입니다. 당신이 걸치고 있는 양복, 드레스, 신발, 여기 있는 모든 것. 이 건물도 한 때는 인간의 상상력 안에만 존재했다가, 현실로 실행되어 나왔습니다. 성경의 말처럼, 모든 것들이 그분에 의해 만들어졌다면 전 그분이 누군지 찾아봐야만 합니다. 저는 상상력이라는 것 너머의 것을 발견하지 못했습니다.

그가 모든 것을 창조했다고요? 네. 좋은 것이든, 나쁜 것이든, 좋지도 나쁘지도 않은 것이든, 모두 상상력이 만든 것입니다. 제 안의 의지가 선한 때처럼 제 의지가 악할 때에도 그분은 다름없이, 그리고 신속하게 제 명령을 따라주고 있습니다.

이것이 성경에 나온 내용이냐고요? 신명기 32장을 읽어보세요.

"나는 죽이기도, 살리기도, 상처 입히기도, 치료하기도 하고, 그 누구도 내 손아귀에서 건져낼 자가 없더라. 이제는 내가, 내가 곧 그이고 나 외에는 어떤 다른 하느님도 없더라. 내가(I AM) 그 하느님이다."

시편 46장에서는 "고요하라. 그리고 알라, 내가(I AM) 하느님임을."이라고 말합니다. 우리는 이 말을 믿지 않을지라도, 우리의 경이로운 창조의 힘이, 즉 우리의 경이로운 상상력이 아침, 점심, 저녁 계속해서 삶의 환경들을 만들어낸다는 증거를 보게 됩니다. 우리는 항상 주위에서 이 증거가 나타나는 것을 보지만 외면해버리고 맙니다. 오히려 인간의 손으로 빚어낸 아주 작은 물건 앞에 무릎을 꿇는 편이 더 쉽습니다. 이 작은 물건을 벽에 걸고는 행운을 빌며 성호를 긋습니다. 그리고는 오늘 하루의 의무를 다했다고 생각해버립니다. 교회에 가서 사람들과 함께 노래를 하고 찬양을 하고, 넉넉하게 기부를 하면서 자신이 해야 할 일을 다 했다고 느낍니다. 어쨌든 좋습니다. 이렇게 해서 기쁘다면 좋습니다. 하십시오. 하지만 이것이 진실한 하느님을 기쁘게 한다고는 생각하지 마십시오.

사교 모임을 원한다면 확실히 교회를 다니십시오. 예배가 끝난 후 차를 마시러 가십시오. 하지만 이 사람들에게 오늘 성경의 내용에 대해서는 묻지 마십시오. 잘 모르기 때문에 그저 멍하니 바라볼 것입니다. 하지만 이들은 항상 크리스마스나 부활절 같은 날이 되면 교회에 모이면서 하느님이 기뻐하는 일을 하고 있다고 생각합니다.

당신은 아침, 점심, 저녁, 지금도 계속해서 하느님과 함께 걷고 있는 중입니다. 잠에 들 때에도 하느님과 같이 눕습니다. 왜냐하면 당신의 가장 본질적인 존재가 바로 하느님이고, 이것 외에는 다른 하느님이 존재하지 않기 때문입니다. 하느님이 당신 안에 있지 않는다면 숨 한 번 쉬지 못합니다. 바로 당신의 숨결이 하느님이기 때문입니다. 여성의 몸에서 태어난 모든 아이들은 육신을 입은 하느님입니다. 인간이 이것을 깨닫기만 한다면 인간을 죽인다는 것이 하느님을 죽인다는 말이 되기 때문에 세상의 모든 전쟁은 종식될 것입니다. 여성의 몸에서 태어난 아이들 모두는 하느님이 육화된 존재입니다. 흑인이든, 황인이든, 백인이든, 어떤 색깔의 인종이든 관계 없이 모두 그렇습니다.

성서의 이야기는 사실입니다. 하지만 교회에서 사실이라고 주장하는 것과는 다릅니다. 당신은 복음서에 쓰인 이야기 전체를 다시 재연하고 있는 자신을 보게 될 날이 올 것입니다. 그러면 일인칭 단수에 현재형으로 이 일들을 겪고 있는 것이 누군지 알게 될 것입니다. 그분은 알려지지 않은 자로서 우리에게 다가올 것입니다. 하지만 아주 경이롭고 신비로운 방법으로 자신이 누구인지를 우리가 경험하게 해줍니다. 그분이 누구인지를 당신이 경험했을 때 당신은 그분이 됩니다.

그것이 이루어지기 전, 이 세상에 머물러 있는 당신은 아직 현실에 나타나지 않은 어떤 멋진 것에 대해 꿈꿉니다. 이때 이 꿈을 꾸고 있는 자가 누구인지를 기억하십시오. 이 꿈을 꾸고 있는 자는 하느님이고, 하느님은 당신의 경이로운 상상력입니다. 당신의 이성과 감각이 무엇이 가능하고 무엇이 불가능한지에 대해 말하게 놔두지 마십시오. 하느님에게는 세상 모든 것이 가능합니다. 당신이 현실이란 부분만을 받아들인다면, 그래서 이성이 말하는 것만을 받아들인다면 당신은 현재 모습에서 조금도 넘어서지 못하게 될 것입니다. 잠시도 지체하지 말고 다음의 기법을 쓰십시오.

그 느낌은 어떻겠습니까? 내가 되기를 원하는 사람이 이미 되었다면 난 어떻게 느끼고 있겠습니까? 친구들은 나를 어떻게 보겠습니까? 친구들을 마음의 눈으로 떠올리고 그들이 당신을 쳐다보면서 당신이 가지게 된 행운에 대해 말하게 하고 축하하게 하십시오. 외면하지 마십시오. 그리고 친구가 해주는 축하 인사를 받으십시오. 실제로는 이 역할들 모두가 당신 안에서 펼쳐지고 있는 것입니다. 이제 100퍼센트 믿으십시오.

요한1서 5장 15절에서는 이렇게 말합니다.

"우리가 그에게 요청한 것 모두를 그가 들었다고 믿는다면 우리는 그것들을 이미 얻었다는 것을 안다."

만일 당신이 올바른 하느님과 함께 하고 있다면 하느님이 당신의 말을 들었는지, 안 들었는지 고민하지 않을 것입니다. 왜냐하면 당신이 당신의 말을 들었다는 것을 알고 있고, 당신이란 존재가 하느님이란 것을 알기 때문입니다.

당신은 이런 축복을 받을 만큼 착하지 않다고 생각할지도 모릅니다. 하지만 당신은 당신의 마음에서 들려온 요청을 들었다는 것을 부인할 수 없습니다. 당신은 당신 내부에서 하는 대화와 당신 내면의 목소리를 들었습니다. 만일 이 목소리를 듣고 있는 당신이 하느님임을 안다면 하느님이 당신의 말을 들었다는 것 역시 확신하게 될 것입니다.

다시 반복하겠습니다. 우리가 하느님에게 요청하는 것 모두를 하느님이 듣고 있다는 것을 안다면 우리가 이미 얻었다는 것을 압니다. 좋습니다. 그런데 상상행위와 이것이 무르익어 결과를 맞이하는 것 사이에는 시간의 간격이 존재합니다. 마치 우리 인간의 성적인 창조행위와 아이가 태어나는 것 사이에 시간적 간격이 있듯이 말입니다. 세상 모든 것은 행동과, 행동이 결과를 맞이하는 것 사이에 간격이 존재합니다.

말은 11개월, 사람 9개월, 양은 5개월, 닭은 21일의 기간을 필요로 합니다. 항상 시간의 간격이 존재한다고 성경에서는 가르칩니다. 모든 환상도 그것 고유의 시간이 필요합니다. 환상은 무르익다가 꽃을 피우게 될 것입니다. 이 기간이 길게 느껴진다면 그래도 기다리십시오. 반드시 꽃을 피우게 될 것이고, 늦지 않을 것이기 때문입니다.

하느님이 누구인지 찾아내십시오. 그는 죽어있는 하느님이 아닌 살아있는 하느님입니다. 시편 115장을 읽어보십시오. 사람들이 어떤 신들을 숭배하는지에 대해 적혀 있습니다. 시편 전체에는 세상 모두가 숭배하는 거짓된 신들에 대한 이야기로 채워져 있습니다. 그들은 입을 갖고 있으나 말을 하지 못하며, 눈을 가지고 있으나 보지 못하고, 귀를 가지고 있으나 듣지를 못하고, 손이 있으나 만지지 못하고, 다리가 있으나 걷지를 못하는, 인간의 손에 의해 만들어진 죽어 있는 하느님입니다. 하지만 실제로는 인간 안의 살아 있는 진실한 하느님은 인간의 경이로운 상상력을 지니고 있습니다.

"그대가 바라보고 있는 것 모두는, 그것이 외부에 나타난 것처럼 보일지라도 실은 그대의 경이로운 인간의 상상력 안에 존재하니, 상상력이 만들어내는 이 유한의 세상은 단지 그림자에 지나지 않더라. 모든 것은 인간의 상상력 안에 존재한다." 우리가 객관적인 실체처럼 보고 있는 이 모든 것들은 상상이 만들어낸 것입니다.

이 말을 반박할 수 있는 것은 없습니다. 달에 가는 거요? 그것도 먼저 상상해야만 합니다. 당신을 저 달로 데리고 갈 기계에 관한 것들 모두도 먼저 상상해야만 합니다. 세상에 존재하는 모든 것은 우선 상상 속에 존재해야만 하고, 그 다음에 실행되어 나와야만 합니다. 청사진을 먼저 마음에 지니고, 그것을 품고, 마치 그것이 사실인 것처럼 그 안에 거하십시오. 세상 어떤 힘도 그렇게 되는 것을 막을 수는 없습니다.

기도는 외부의 소망을 내면의 세계에서 소유하는 것입니다. 이것이 성공하는 방법입니다. 저는 소망이 이루어진 것을 내면에서 가져봅니다.

공을 원한다고 가정해보겠습니다. 그냥 일반적인 야구공인데 지금 당장 구할 수 없는 공입니다. 이 야구공을 느낄 수 있을 때까지 당신의 손 안에서 공이 쥐어져 있다고 받아들이십시오. 당신이 쥐고 있는 것이 야구공이라는 것을 증명하기 위해서 이제

테니스공을 쥐어보겠습니다. 다르다는 것을 느낄 수 있나요? 이젠 골프공을 해보겠습니다. 다르다는 것이 느껴지나요? 이렇게 서로 구분할 수 있다면, 이것들은 비록 내면에 존재하는 것일지라도 분명 각각 다른 곳에 존재하고 있어야만 합니다.

장미꽃 향기를 맡을 수 있나요? 장미꽃은 그것 고유의 향기가 있습니다. 이번에는 백합의 향을 맡을 수 있나요? 이것이 무엇을 뜻하나요? 당신은 이것들을 얻게 될 것입니다. 갑자기 누군가 당신 생각이 날 것이고, 당신에게 꽃을 보내올 것입니다. 당신이 느끼고, 만지고, 냄새 맡았던 바로 그 꽃을 말이죠. 법칙은 그렇게 작동합니다.

돈은 세상 어떤 것과도 구별되는 고유의 냄새를 지니고 있습니다. 구두쇠에게는 어떤 매혹적인 향수보다도 더 감미로운 향기일 것입니다. 돈주머니를 구두쇠의 코에 대보는 것은, 제 코에 장미를 대보는 것과 같습니다. 그토록 구두쇠는 그 냄새를 좋아합니다. 당신 손에 20달러를 쥐어보고 느껴보십시오. 그런 후에 이번에는 종이 한 장을 잡아보십시오. 감촉과 냄새가 다르다는 것을 알 수 있습니다.

이것 모두는 내면인간이 하는 일이고, 내면인간에게는 모든 것이 가능합니다. 제 말을 비난하기 전에 직접 시도해보십시오. 그래서 만일 저의 주장을 입증해줄 증거를 얻게 된다면 세상이 당신에게 뭐라 말하든 신경 쓰지 마십시오. 그들이 당신을 비웃는다고요? 그게 무슨 상관입니까? 그들은 우리 인간이 달에 간다고 했을 때도 비웃었지만, 그 일은 진짜 이루어졌습니다. 아직도 인류가 달에 갔다는 것을 믿고 싶지 않기 때문에 그 일이 일어났다는 것을 부정하는 사람이 있습니다. 인간이 물속에서 사는 것은 불가능하다고 주장했던 사람들도 있었지만, 우리는 잠수함이란 것도 만들어냈습니다.

그저 직접 해보십시오. 이걸 해봐서 증명이 된다면 세상 사람들 모두가 어떻게 생각하는지는 문제되지 않습니다. 아버지(그건 당신 자신입니다)의 일을 시작하십시오. 그리고 이 시저의 세상에서 충만하고 아름다운 삶을 영위하십시오. 그러다보면 이 세상을 떠나게 될 날이 올 것입니다. 만일 깨어나지 않은 채, 지금 이 세상을 떠나게 된다면 여전히 이것과 매우 흡사한 세상에서 자신이 있는 것을 보게 될 것입니다.

하지만 깨어나서 두 번째 태어남을, 즉 위에서부터의 태어남을 겪은 사람들이라면 지금 이곳과는 완전히 다른 세상에 자신이 있는 것을 보게 될 것입니다. 그들은 오직 상상력으로 존재하고, 어디를 가든 모든 것이 완벽한 곳에 살게 됩니다. 왜냐하면 모든 것이 나 자신에 맞춰져서 나타나기 때문입니다. 자신이 완벽하기에 나타나는 것도 완벽집니다. 이것이 천국입니다.

천국은 어떤 장소나 어떤 세계가 아닙니다. 그것은 몸(body, 體)입니다. 그 몸이 당신 안에서 깨어났을 때, 당신의 경이로운 인간의 상상력이 완벽하게 깨어났을 때 당신이 그 몸을 걸치고 가는 곳이라면 그곳이 어디라도 모든 것이 완벽한 모습으로 나타납니다. 죽은 나무들로 가득한 숲에 당신이 있다면 죽은 나무 사이에서 잎들이 무성해질 것입니다. 당신이 있는 곳이라면 그곳이 사막이라도 장미 같은 꽃들로 만개할 것입니다. 맹인, 농아, 장애인들은 당신 옆에서 즉각적으로 완벽한 몸이 되고 맙니다. 당신이 완벽하기 때문입니다. 이것이 천국이자, 조화입니다. 천국은 당신이 가게 될 어떤 장소, 예를 들어 진주로 만들어진 거리처럼, 상식에 어긋나는 것들로 이루어진 하늘 위의 어떤 장소가 아닙니다. 장소가 아닌 세상 안에 있는 완벽한 당신입니다. 당신이 완벽하기 때문에 나타나게 된, 완벽한 세상 안에 있는 바로 당신입니다.

당신도 이 몸을 깨우게 될 날이 오게 될 것입니다. 지금도 당신 안에 이 몸이 있습니다. 하지만 깊은 잠에 들어 있습니다. 당신이 당신 안에서 깨어나게 될 때 부활의 신비에 대해 알게 될 것입니다. 주가 묻혀 있는 유일한 무덤은 당신의 두개골입니다. 이곳이 그분이 묻혀 있는 무덤입니다. 그리고 어느 날 그분은 깨어날 것입니다. 이 무덤에서 나오게 될 사람은 다른 누구도 아닌 바로 당신입니다. 이때 당신은 당신이 누군지 알게 될 것입니다.

하느님은 세상 모든 자녀들 안에 묻혀 있습니다. 하느님은 하나의 존재이면서도 이 모든 아이들 안에 존재하고 있습니다. 셀 수 없이 많은 우리들 모두에게 있으면서도 한 분의 주입니다. 한 분의 주, 그분의 존재 전체가 한 명 한 명의 사람들 안에 묻혀 있고, 당신이 깨어날 때 당신은 주가 됩니다.

하나의 목표를 정하십시오. 당신 자신을 위한 것이든, 아니면 다른 이를 위한 것이든, 아주 사랑스러운 목표를 정하십시오. 당신의 상상력을 다른 이들을 위해 좋은 방향으로 사용하고 있다면 당신은 지금 그 사람에게 하느님을 연결하고 있는 것입니다. 한 친구를 마음의 눈앞에 데려오십시오. 앞서의 여성분이 친구를 원하는 모습으로 떠올렸듯이, 당신도 그렇게 상대방을 그가 원하는 모습이 되었다고 받아들이십시오. 그에게 이런 사실을 말하거나, 칭찬받으려고 하지 마십시오. 그저 그가 당신과 대화를 하면서, 자신에게 일어난 놀라운 소식을 전하는 것을 사실로 받아들이십시오. 새로운 좋은 소식에 축하를 해주고, 이제 당신이 하던 일을 하십시오. 이 상상행위가 실재라는 것을 굳게 믿으십시오. 어쩌면 내일 일어날지도 모릅니다. 아니 모레일 수도 있고, 일주일 뒤일 수도 있고, 한 달이 걸릴지도 모릅니다. 어쨌든 그것만의 고유한 시간이 있으니, 그 기간 동안 무르익을 것이고, 결국에는 꽃이 피어날 것입니다. 신경 쓰지 말고, 그저 마음에서 떠나보내고 있다 보면 언젠가는 현실로 나타날 것입니다.

결론이 나타나기에 앞서 우리는 항상 상상을 합니다. 이렇게 먼저 결말에 가서 이루어진 것을 느낍니다. 이성이 받아들이기를 거부하고, 감각이 부정하려고 할지라도 결말에 머무십시오. 의심하는 자로부터 등을 돌려야만 합니다. 의심하는 자는 바로 당신의 감각이고 이성이며, 이것이 바로 이 세상의 지옥, 악마, 사탄입니다. 그것에 등을 돌리고 마치 모든 것이 원하는 모습대로 된 것처럼 걸어 나가세요. 이 믿음 안에서 사십시오. 당신이 받아들이는 순간에 이성이 거부할 것입니다. 하지만 계속해서 믿음을 고수하십시오. 그러면 차츰차츰 믿음은 단단한 현실로 굳어질 것입니다. 믿음은 그것이 거짓처럼 보일지라도 계속해서 고집해 나간다면 단단한 현실로 굳어질 것입니다. 믿는 법과 믿음을 고수하는 법을 배우십시오. 그러면 현실로 나타나게 될 것입니다.

말도 안 되는 이야기라고 치워버리기 전에, 직접 해보십시오. 너무 생각하지 말고, 한번 해보시기 바랍니다. 당신이 현재 지니고 있는 하느님에 대한 선입견을 깬다는 것이 쉽다는 이야기가 아닙니다. 저는 아주 독실한 크리스천 집안에서 컸고, 교회에서 말하는 것을 완전히 믿었기 때문에, 지금 말하고 있는 것을 겪었을 때 말할 수 없는 충격을 받았다고 고백합니다. 저는 여전히 제 자신을 크리스천이라 부르지만 세상 사람들이 말하는 그런 크리스천은 아닙니다. 저는 하느님을 찾아냈습니다. 모세와 율법과 선지자들이 적었던 자를 찾아냈습니다. 그들이 적었던 것은 바로 나 자신에 관한 이야기였습니다. 당신도 하느님을 찾게 될 날이 올 것입니다. 그러면 여러분도 저처럼 그들이 적었던 것이 누구인지 알게 될 것입니다. 당신은 그분을 당신 자신으로 발견하게 될 것입니다.

그대가 이미 나를 찾아내지 못했더라면,
그대는 나를 구하려 하지도 않았을 것이다.
-파스칼(Pascal)

여러분이 지금 열망하는 것, 여러분은 그것을 이미 지니고 있습니다. 그리고 여러분이 이미 그것을 발견했기 때문에 그것을 구하는 겁니다. 여러분은 그것들을 소망의 형태로 발견했습니다. 우리가 세상 안에서 실체라고 느끼는 것들처럼, 소망이라는 형태로 느껴지는 것들도 그와 같은 실체입니다. 여러분은 이미 구하고자 하는 그것입니다. 그렇기 때문에 그것들을 현실로 드러나게 하기 위해서 다른 누구도 바꿀 필요가 없고 오로지 자신만을 변화시키면 됩니다.

[네빌고다드 5일간의 강의] 중에서

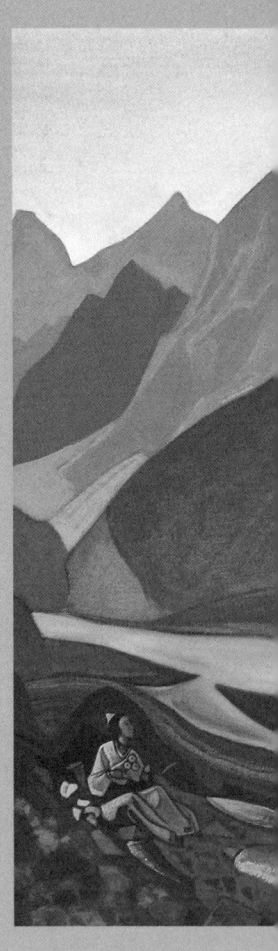

Divine Breakthroughs
신성한 탈출구

인내하라,
우리의 극작가는 이제 마지막 즈음에서
이 광풍이 몰아치던 드라마가 무엇을 뜻하는지를 보여줄 것이다
마지막 순간 장막이 내려갔을 때
우리는 다시 회의장에 모여 다른 줄거리를 논의하게 될 것이다
　-테니슨

　성경은 하느님의 구원의 계획을 나타내고 있는, 신의 탈출구에 대한 기록입니다. 하지만 수수께끼이자 우화 형식으로 적혀 있습니다.
　시편 78장을 보겠습니다. 시편의 저자는 우화로 표현할 것이기 때문에 우리에게 귀를 기울여 들으라고 말합니다. 우화는 메시지를 전달하기 위해 사실이 아닌데 사실처럼 쓴 이야기입니다.

그래서 가공된 인물과 역사를 사용하는데, 이 인물들과 이야기가 나타내는 교훈들이 무엇을 말하는 것인지 발견하는 것은 전적으로 독자에게 남겨놓습니다.

시편에서는 이 이야기가 과거의 것들에 대한 수수께끼라고 말합니다. 우리의 선조들이 그 자손들에게, 후세에 전해주라고 한 이야기입니다. 그리고는 출애굽기에 기록된 이스라엘의 역사 전부를 다시 한 번 말합니다. 하느님이 이스라엘 백성들을 노예의 상태에서 자유로 이끌면서 위대한 기적들을 행하지만 이스라엘 백성들은 계속해서 하느님에게 등을 돌립니다. 그러다가 결국 인간이 잠에서 깨어나는 것처럼 하느님도 깨어나서는 양떼들 중에서 다윗을 택한 후 자신의 백성 야곱의 목자로 만들었습니다. 다윗은 성실하고 지혜롭게 백성들을 주에게 인도합니다.

이 이야기는 전부 당신에 관한 이야기입니다. 성서는 아버지와 아들에 관한 드라마입니다. 아버지는 하느님입니다. 그의 이름은 I AM입니다. 그리고 그의 아들은 다윗입니다.

다른 곳에서 교육받았던 사람들에게는, 저의 이 주장이 너무 당돌한 것처럼 느껴질 것입니다. 하지만 저는 이론이나 사색의 결과를 통해 주장하는 것이 아닙니다. 전 체험을 했고, 그 체험을 바탕으로 이야기하는 중입니다.

소위 교사라고 불리는 사람들은 직접 비전을 체험해서, 그것으로 이야기해야 하는데, 그렇지 않고 자신의 관념과 사색의 결과물들로 대체했습니다. 성경에는 비전(생생한 환상 속 경험)이 없다면 사람들은 방탕하게 될 것이라고 적혀 있습니다. 교사라 불리는 사람들은 이 율법을 무시했습니다. 지금 자신을 교사라고 부르는 사람들은 비전이 없는 자이며, 전체적인 그림을 완전히 뒤바꿔놓은 자입니다.

그들은 예수를 한 인간으로, 저 외부의 어떤 한 사람으로 만들었습니다. 아닙니다. 예수는 주(Lord)입니다. 그는 아버지이고 그의 아들은 다윗입니다. 아들은 메시아, 기름 부어진 자입니다. 저 역시도 제 신성한 기름을 다윗에게 부었습니다.

성경은 아버지와 아들에 관한 드라마입니다. 아들은 "나와 아버지는 하나이다. 하지만 나의 아버지는 나보다 더 위대하다."라고 말합니다. 왜냐하면 보내진 자의 일을 하는 동안에는 보내진 자는 보낸 자의 본질적인 부분보다 더 낮기 때문입니다. 그래도 그 둘은 하나입니다.

그 누구도 성령(Holy Spirit)에 의하지 않고는 예수를 주라고 말할 수 없습니다. 성령이란 기억의 회복(Remembrancer)을 말합니다. 인간은 이제 잠에서 깨어나, 잃었던 것들을 기억해내기 시작합니다.

전도서에서 말하는 것처럼, 주와 주의 아들은 인간 안에 있고,

하느님은 인간의 마음 안에 영원을 심어놔서 인간이 처음부터 마지막까지 했던 것들을 찾을 수 없게 만들었습니다. 결국 마지막 순간이 왔을 때 당신은 하느님이 했던 것을 알게 될 것입니다. 왜냐하면 당신이 이제껏 했던 모든 것은 아버지가 의도했던 것이기 때문입니다. 마지막에 당신은 깨어나게 되고 당신의 아들 다윗은 당신을 하느님 아버지로 나타냅니다. 이것이 바로 성경의 이야기입니다.

하느님은 우리에게 자신의 소중한 것을 허락하고, 매우 위대한 약속을 했습니다. 우리는 이것들을 통해 세상에서 일어나는 붕괴로부터 빠져나와 하느님의 신성한 본성에 합류하게 됩니다.

이 약속은 무엇입니까? 내가 깨어날 때 내가 하느님이 된다는 것입니다. 세상 누구도 내가 하느님이라는 사실을 확신시켜주지 못합니다. 오직 하느님의 아들, 나를 아버지라고 부르는 아버지의 아들만이 이 사실을 확신시켜 줄 뿐입니다. 다윗이 당신 앞에 섰을 때 당신은 성경의 영웅 다윗이 당신의 아들이라는 것을 압니다. 다윗이 그리스도입니다. 다윗이 하느님의 아들입니다.

성서의 예수는 주입니다. 혼의 상태에서 다윗이 예수를 "나의 주여!"라고, 아들이 아버지를 부를 때 쓰는 명칭을 사용했기 때문입니다. 다윗이 예수를 나의 아버지라고 불렀는데, 어떻게 예수가 다윗의 자손이 되겠습니까? 예수는 다윗의 아버지입니다.

이 일이 저에게도 일어났습니다. 마지막 순간에 이 일이 일어났습니다. 주는 제게 제 마지막을 보여주었습니다. 당신도 마지막에 도달한다면 제가 당신에게 이 끝을 보여줄 것입니다. 마지막에 도달했다면 더 이상의 회복(restoration, 육신 속에서 다시 태어나 삶의 여정을 계속하는 것)이 일어나지 않을 것이기 때문에 당신은 마지막에 도달했다는 것을 알게 될 것입니다. 그때 부활은 당신의 것이 됩니다. 새로운 세상을 향하는 문을 열고 들어가는 부활의 순간이 당신에게 다가올 것입니다.

저는 세상이 가르치는 윤회라는 관념을 받아들이지 않습니다. 성서는 윤회를 말하지 않습니다. 성서가 가르치는 것은 두 번째의 태어남, 즉 부활입니다. 당신은 지금 누가복음에서 골고다라고 불리는 무덤 속에서 깊은 잠에 빠져 있습니다. 골고다는 두개골로 번역됩니다.

인간의 두개골에 묻혀 있는 자는 주(Lord)입니다. 그는 하나의 꿈을 꾸고 있는 중인데 당신이 죽음을 맞이할 때 이 꿈이 끝나는 것이 아닙니다. 이 지구와 같은 또 하나의 세상에서 당신의 생명은 회복(restoration)됩니다. 하지만 아기가 아닌, 약 20세 정도의 나이로 태어나서 삶의 여정을 계속해나갑니다.

성서에서는 이 세상에 속한 사람들은 결혼을 하거나 시집가야 한다고 적혀 있습니다. 하지만 저 세상과 부활을 얻을 자격이 있다고 여겨지는 사람은 결혼도, 시집 보내지지도 않는다고 덧붙이고 있습니다. 그들은 이제 부활의 자녀들이 되었기에 더 이상 죽음을 겪지 않을 것입니다.

이 세상에 속하는 결혼에 대해 이야기하면서, 이 세상은 누군가 죽었을 때 끝나지 않고, 여전히 어떤 다른 세상 속에 살게 된다고 말합니다. 그 세상도 지금 우리가 살고 있는 이 세상과 같습니다. 그것도 실제이며 단단한 현실세상입니다. 신기루와 같은 세상이 아닙니다. 사람들은 그곳에서 생명을 회복하여 예전과 같은 정체성을 유지하면서 살게 됩니다.

나란 존재는 하나의 개별적 인간입니다. 당신 역시도 개성을 지닌 인간이며, 우리 모두는 각각의 개별적 개성을 점점 더 키워가는 방향으로 계속해서 나아가고 있습니다. 하지만 이것이 윤회는 아닙니다. 이 개성이 더 이상 연결되지 않는다면 굉장히 끔찍한 일이 되고 맙니다. 그렇게 된다면 우리는 무엇이 되는 것입니까? 아무것도 아닌 것이 됩니다.

윤회라는 것은 어떤 해답도 주지 못합니다. 당신은 개별화된 인간입니다. 그리고 더 큰 개성이 되는 방향으로 영원히 나아가고 있습니다. 내가 지금 겪고 있는 고통이 내 전생 때문에 이루어진 것이라고 말한다면 스탈린은 2천만 명의 무고한 목숨을 빼앗은 것에 대한 대가로, 수백만 년의 삶을 살아야 하는 것인가요?

히틀러는 무고한 유태인들을 가스실에 넣고 죽인 대가로, 그리고 그들의 공군이 자행했던 것들을 포함한다면 대체 얼마나 긴 시간 동안 고통을 받아야 하는 것인가요?

아닙니다. 하느님은 자비로운 존재입니다. 우리의 삶이란 것은 악몽일 뿐입니다. 이 연극은 계속됩니다. 시련의 용광로가 당신에게 없다면 당신은 하느님으로 깨어날 수 없습니다. 이 세상은 바로 당신을 제련시키는 시련의 용광로입니다. 하느님은 모든 것들을 선한 목적으로 사용합니다. 이것을 나쁜 것으로 만든 것은 바로 우리들입니다. 하느님은 모든 것들을 선한 의도로 행했고, 결국에는 이것들 모두를 선한 목적으로 펼쳐낼 것입니다.

우리를 둘러싸고 있는 이 모든 것은 절대 변하지 않습니다. 우리가 지금은 달까지 가기도 하고, 마차로 몇 달이 걸리던 뉴욕을 비행기로 세 시간 만에 가기 때문에 세상은 변한다고 생각합니다. 하지만 모든 것은 변하지 않았습니다. 전도서에는 이전에 있었던 것들은 훗날에 올 것이기도 하고, 이전에 행했던 것들은 훗날에 이루어질 것이기도 하기에, 저 태양 아래 새로운 것은 하나도 없더라, 고 말합니다.

마르크스와 레닌이 일으켰던 혁명이 휩쓸고 지나간 지 거의 60년이 지났습니다. 그 혁명이 철폐하고자 했던 상태는 오히려 더 강화되었습니다. 자유의 이름 아래 자유가 빼앗겼습니다. 자신들이 바꿔보겠다고 생각했던 것은 오히려 더욱 강해졌습니다. 이제는 소비에트 연방이라는 이름이 대신합니다. 그런데 스탈린은 처벌도 받지 않고 2천만 명을 학살했습니다. 어떤 독재자도 이런 학살을 했던 적이 없었습니다. 이 혁명이 과연 무엇을 바꿨습니까? 아주 작은 것 하나도 바꾸지 못했습니다.

이곳은 우리가 사는 세상이고, 마지막 순간까지 우리는 이 세상 안에서 우리의 삶을 계속할 것입니다. 마지막 날 당신과 제가 경험했던 모든 두려움들은 바로잡힐 것입니다. 하느님이 우리 안에 하느님 자신과 그의 아들을 두었기 때문입니다. 지금 그 아들은 아버지의 의지를 행하고 있는 중입니다.

우리는 고난의 용광로 속에 있는데, 누구를 위해 그렇게 하고 있는 것입니까? 그건 바로 제 자신을 위해서 한 일입니다. 성경에서는 하느님이 "나는 내 영광을 다른 이에게 주지 않을 것이다."라고 말했습니다. '하느님의 영광'이란 하느님 자신을 일컫는 말입니다. 하느님은 결국 당신과 그분 사이에 놓여 있는 빗장을 열 것이고, 그러면 당신은 하느님이 됩니다.

우리는 언젠가 하느님으로 깨어날 운명입니다. 세상에는 주이외에 다른 존재가 없습니다. 당신은 직접적으로 예수라고 불리지는 않을 것입니다. 하지만 하느님의 아들이 당신의 아들이라는 것을 알게 될 날이 올 것입니다.

"그 누구도 성령이 아니고서는 예수가 주라고 말할 수 없더라."

성령, 이것은 기억의 회복을 뜻합니다. 당신이 다윗을 보는 순간 기억은 돌아오게 되고, 당신이 언제나 다윗의 아버지였다는 것을, 그리고 다윗이 언제나 당신의 아들이었다는 것을 기억하게 됩니다.

다윗은 나이 든 사람이 아니라, 영원한 젊음을 가진 사람입니다. 당신은 다윗의 아름다움을 표현할 수 없습니다. 어떤 예술가도 그의 모습을 그리지 못했습니다. 그 누구도 그의 모습을 조각할 수 없었습니다. 사무엘서에는 아름다운 눈과 수려한 외모를 지닌 불그레한 모습으로 묘사됐습니다. 이것이 바로 다윗입니다. 당신은 그를 보자마자 당신이 누구인지를 정확하게 알게 될 것입니다.

이것이 구원에 대한 하느님의 계획을 나타내는 탈출구의 내용입니다. 양치기인 다윗이 우리 안에 있기 때문에 우리 모두는 이것을 경험하게 될 것입니다. 우리가 이 땅에 살고 있는 동안 우리는 분리된 존재입니다. 성경에서는 "나는 그대들이 신이라고, 그대들 모두가 가장 존귀한 자의 아들이라고 말한다. 그럼에도 불구하고 그대는 인간처럼 죽게 될 것이고, 한 인간처럼 넘어질 것이더라."고 말해집니다.

하느님은 스스로 죽음의 문으로 들어가, 나와 함께 무덤에, 즉 경이로운 나의 두개골 안에 자신을 눕혔습니다. 이곳이 하느님이 좋은 꿈도 꾸고, 악몽도 꾸고, 깨어있는 악몽도 꾸는 곳입니다. 하지만 마지막 순간에 하느님은 잠에서 깨어 무리 중에서 다윗을 부르고는, 그를 자신의 백성 야곱의 목자로 임명합니다. 다윗은 일심으로 모두를 현명하게 인도하여 아버지에게 데려옵니다.

시편 78장을 읽어보세요. 다양한 성경으로 읽어보는 것이 좋습니다. 킹 제임스 버전, 표준 개역 버전, 새 영어 버전 등으로 읽어보세요. 새 영어버전은 제임스 왕의 시가 실리지 않았지만 그래도 아름답습니다.

이 탈출구들은 오직 비전(생생한 환상을 통한 경험)을 통해서 이루어집니다. 사색만으로는 성서의 어떤 것도 이루지 못합니다. 시편에서는 이렇게 말합니다.

"나는 그대에게 과거의 수수께끼를 줄 것이다. 그러면 하느님이 그대에게 사람들을 이집트에서 어떻게 구했는지에 대해, 어떻게 물을 갈라놓았는지에 대해, 어떻게 아무것도 없는 곳에서 마나를 가져왔는지에 대해, 그런데도 사람들은 당신에게 등을 돌렸던 것에 대해 이야기를 들려줄 것이다. 그러다가 마지막 순간에 주(Lord)는 잠에서 깨어났더라."

이 위대한 신비는 모두 당신 안에 있습니다. 광활하게 펼쳐지고 있는 세상 모두는 당신이라는 자아가 외부로 펼쳐진 것입니다. 당신이 살고 있는 세상은 당신이 꾸고 있는 꿈의 세상입니다.

"그대가 바라보는 모든 것은 그것이 외부의 것처럼 보일지라도, 실은 그대의 경이로운 인간의 상상력 안에 존재하며, 상상력이 만들어낸 이 유한한 세상은 단지 그림자일 뿐이다."

저는 이 탈출구를 경험했습니다. 가장 경이롭고 초자연적인 일련의 경험들이었습니다. 일정한 기간에 걸쳐서 일어났는데, 1260일이 걸려 성서에서 말해진 것들이 이루어졌습니다. 구약은 일어나게 될 일을 개략적으로 알려주는 역할을 하기 때문에 완전히 확정적이거나 바로 증거를 제시하는 방향이 아닌, 전조 역할만을 합니다. 신약은 이 구약에 뜻을 부여합니다. 하지만 세상 사람들은 이 뜻을 오해해서 바깥세상에 존재하는 우상을 만들고는 그것을 숭배했습니다.

성경의 모든 것은 인간 안에서 펼쳐집니다. 하느님은 인간의 마음 안에 영원을 두어, 하느님이 처음부터 마지막까지 했던 것을 인간이 찾아낼 수 없게 만들었습니다. 하느님은 무슨 일을 했습니까? 하느님 자신과 자신의 아들을 인간의 마음 안에 넣어두었고, 당신과 함께 삶이란 꿈을 꾸었습니다. 마지막 순간이 오면 당신은 깨어날 것이고, 당신이 하느님이 될 것입니다. 하늘나라를 창조하고 관장하고 있는, 바로 그 하느님 말입니다.

어떤 작은 하느님이 아닙니다. 유일한 오직 한분의 하느님입니다.

"들어라, 오, 이스라엘아! 주, 우리의 하느님은 오직 한 분이고, 둘이 아니더라. 오직 하나만 있을 뿐이니."

이것이 바로 당신입니다. 마지막에 당신은 내 아들의 아버지가 될 것이고, 그로 인해 당신과 나는 하나가 됩니다.

나는 다윗이 내 의지 모두를 행해줄, 내가 찾아 헤매던 이상형이란 것을 알았습니다. 다윗의 아버지가 누구입니까? 다윗은 자신이 이세의 아들이라고 말합니다. 이세(Jesse)가 뜻하는 것은 여호와가 존재한다(Jehovah exists)입니다. 다윗의 아버지의 영원한 이름은 바로 I AM이기에, Jesse가 I AM입니다.

다윗이 내 앞에 섰을 때 그의 아버지가 누구입니까? 나입니다 (I AM). 다윗은 당신 앞에 설 것이며 당신은 다윗의 아버지가 누구인지를 알게 됩니다. 그래서 당신은 "I AM"이라고 대답합니다. 이것은 하느님의 영원하고 영원한 이름입니다.

당신이 이 말을 받아들이지 못할지도 모릅니다. 하지만 저는 성서를 직접 경험했고, 이것을 토대로 말하는 것이기 때문에 한 글자도 번복하지 않을 것입니다. 성서의 모든 것이 제 안에서 펼쳐졌습니다. 다윗이 나타났을 때 마지막 순간이 옵니다. 그러면 이제 여정은 끝난 것이기 때문에 비둘기가 내려오고 승인의 인장이 당신에게 새겨집니다. 당신은 잠들어 삶이라는 꿈을 꾸었던 아버지를 깨웠기 때문에 이제는 승리자가 되어 돌아가게 됩니다.

우리의 선조들이 했던 것처럼 우리 모두도 이 세상에서 꿈을 꾸어야만 합니다. 하지만 하느님 법칙의 작동원리를 알고 있다면 세상에서 주어지는 불가피한 타격을 가볍게 만들 수 있습니다. 당신이 원하는 것이 있다면 소망이 성취된 느낌을 사실로 받아들여, 이 가정을 계속 고집하십시오. 당신의 이성과 감각이 이 가정을 거부할지라도 만일 당신이 계속 고집해나간다면 소망은 점차 현실 속에서 굳어져 갈 것입니다.

당신이 원하는 사람이 되었다면 어떤 느낌이 들겠습니까? 이미 그렇다고 받아들이십시오. 세상 모든 것이 이 받아들임을 거부할지라도 계속 고집해나간다면, 그래서 이미 원하는 모습이 되었다는 것을 사실로 받아들인다면, 당신은 그렇게 될 것입니다.

당신은 오직 상상력일 뿐입니다. 블레이크는 예루살렘이라는 글에서 이것을 매우 아름답게 표현했습니다.

"하느님이나 하느님의 아들 같은 것은 없고, 그대, 오! 인간의 상상력은 그저 망상일 뿐이라고 사람들은 조롱한다. 하지만 나는 오! 주여, 그대가 나의 지친 눈에 그대의 모습이 차오르기 시작했을 때, 심지어 이 철공장에서도 (이 낯선 유한한 형체 안에서도) 나는 그대를 알아본다. 내가 그대를 보고 있지 않을지라도 그대는 나와 함께 고통을 겪는다. 그때 신의 음성이 들리니, 두려워 말라, 나는 언제나 그대와 함께 한다. 알비온에서 잠든 그대의 형제를 죽음으로부터 깨어나게 할 힘이 내게 있다는 것을 믿으라."

우리는 모두 알비온에서 잠든 한 인간입니다. 이 힘을 믿으십시오. 사람들이 주라고 부르는 이 힘은 그대의 경이로운 상상력입니다.

당신의 상상 속의 활동을 바꾸기 전에 삶의 환경을 바꾸려는 태도는 자연의 섭리와는 역행한 채 투쟁하는 것입니다. 환경이라는 것은 단지 상상의 결과물일 뿐입니다. 상상의 활동을 바꾸지 않는다면 이것이 가져오는 과실들은 결코 변하지 않습니다.

사람들은 모두 자유롭게 상상할 수 있습니다. 당신 안에는 우주를 창조하고 우주를 관장하고 있는 하느님이 있습니다. 당신이 "나는(I am)"이라고 말한다면 하느님을 지칭하는 것입니다. 하느님의 창조력이자 지혜인 하느님의 아들이 그곳에 있습니다. 요한계시록 11장을 보면 세상의 왕국은 주와 그분의 그리스도의 왕국이 되었다고 적혀 있습니다. 예수는 주이고, 예수의 아들이 그리스도입니다. 그리스도는 아버지(인간 안에서 꿈꾸는 자)의 의지를 행하고 있습니다. 마지막 순간에는 그리스도가 아버지와 하나가 되면서, 나와 아버지는 하나라고 말할 수 있게 됩니다.

그러면 당신이 이 육신의 옷을 벗어던질 때 당신은 주가 되어 하느님이라는 하나의 존재 안으로 재결합됩니다. 그리고 새로운 모험이 다시 시작됩니다. 그것이 어떻게 전개될지 과연 누가 알 수 있을까요? 사람들 모두 하나의 존재로 다시 돌아가야만 합니다. 그 중 누구도 두고 갈 수는 없습니다. 영원의 시간 속에서 한 사람도 잃지 않을 것입니다. 모든 이가 하나의 존재로 모아졌을 때 또 다른 여정의 시나리오를 구성하게 될 것입니다. 하느님은 영원하고, 계속해서 확장하고 있기 때문입니다. 이 경이로운 여정이 끝났을 때, 그것이 얼마나 영광스러운지 관계없이, 그저 그 영광 속에서만 살게 되는 것이 끝이라고 생각해보십시오. 생각만 해도 끔찍한 일이 될 것입니다. 그래서는 안 됩니다. 우리는 창조적인 존재이고, 더욱 더 확장해야만 합니다. 그래서 더욱 어려운 무언가를 품고, 다시 여정을 떠나야만 할 것입니다.

일정한 곳에서 멈춰버린다는 것은 상상할 수 없습니다. 일정한 목표를 달성한다, 그리고는 만족해버린다? 이건 창조적인 것이 아닙니다. 저는 영혼이라는 것이 창조적이라는 데에 전적으로 동의합니다. 아인슈타인이 아주 경이로운 원리를 발견했다고 거기에서 멈춰버리는 것을 상상할 수 있겠습니까? 아인슈타인은 그저 작은 부분만을 알아냈던 것뿐입니다. 우리는 영원의 시간 동안 계속 확장하고, 확장합니다. 하느님은 무한하고 당신이 바로 그 한계 없는 하느님입니다.

우리는 모두 다음 세상이 어떨지에 대해 질문을 계속하면서 이

질문 속에 빠져 있습니다. 테니슨은 이것에 대한 대답을 자신의 시에서 아름답게 표현했습니다.

"인내하라, 우리의 극작가는 이제 마지막 즈음에서 이 광풍이 몰아치던 드라마가 무엇을 뜻하는지를 보여줄 것이다. 마지막 순간 장막이 내려갔을 때 우리는 다시 회의장에 모여 다른 줄거리를 논의하게 될 것이다."

전적으로 공감합니다! 이 광대한 세상 전부는 그저, 작가의 능력과 지혜를 표현하는 하나의 극장일 뿐입니다. 당신이 "I AM(나는)"이라고 말할 때, 이 인식하는 주체가 바로 하느님입니다. 당신은 주이고, 당신은 이 삶이라는 꿈을 꾸고 있습니다. 당신의 아들 다윗이 당신의 모든 꿈들을 실행에 옮기고 있습니다. 다윗은 결코 약해지지 않습니다. 당신이 고귀한 꿈을 꾸든지, 전혀 그렇지 못한 꿈을 꾸든지 관계없이 다윗이 그것을 실행할 것입니다. 하지만 마지막 순간 다윗은 당신을 아버지로 나타낼 것입니다. 그러면 당신은 당신이 주이고, 다윗이 당신의 아들이라는 것을 알게 될 것입니다.

소망하는 것을 성공적으로 실현시키는 방법은 사자 굴에 갇힌 다니엘의 이야기에도 잘 나타나 있습니다. 이 이야기에서 다니엘은 사자 굴에 있는 동안, 사자들에게 등을 돌리고 위에서 비치는 빛만을 보았습니다. 사자들은 다니엘을 해하지 않았고 다니엘의 신에 대한 믿음은 그를 구원했습니다. 이 이야기 또한 여러분의 이야기이고 여러분은 다니엘이 했던 것처럼 해야만 합니다.

만약 여러분이 사자 굴에 갇히게 된다면, 다른 것에는 신경이 안 쓰이고 오로지 사자들만 신경쓸 것입니다. 마찬가지로 여러분은 오로지 사자로 표현된, 여러분의 문제만 생각하고 있습니다. 하지만 다니엘은 등을 돌려 자신의 하느님인 빛만을 바라보았다고 합니다. 여러분도 다니엘처럼, 병이라는 동굴, 가난이라는 동굴 속에 갇혀 있다면 그것들이 보여주는 문제에서 시선을 거두고 우리가 구하고자 하는 것에 머무십시오.
우리도 만약 의식 안에서 문제들을 뒤돌아보지 않고 믿음을 유지해 우리가 소망하는 것과 하나 되었다고 믿는다면 우리를 가두고 있던 감옥의 문은 열리고 우리가 구하고 있던 것들은, 그것이 무엇이든지 모습을 드러낼 것입니다.

[세상은 당신의 명령을 기다리고 있습니다] 중에서

IMAGINATION, The Basis of All That Is
상상력, 만물의 기초

이런 믿음 후에도 어떤 시련이 닥쳐 좌절하기도 하고,
이해할 수 없게 지연되는 사건이 벌어질지도 모릅니다.
하지만 이상하게 들리지도 모르지만
당신이 상상 속에서 마지막에 도달했을 때
이것 전부는 이미 성취되었다는 것을 알게 될 것이고,
반대되는 사건들이 일어나는 동안에는 이해할 수 없었지만
그것들 모두 다 필요한 질서 속에서 일어났다는 것을 알게 될 것입니다.

예수 그리스도는 이렇게 말했습니다.
"율법과 선지자를 폐하기 위해 내가 왔다고 생각하지 말라. 나는 폐하려는 것이 아니라 이것들을 완성하기 위해 왔더라."
이렇게 말하고 있는 자가 지금 당신 안에 있습니다. 그가 깨어

날 때 당신은 이 말을 듣게 될 것이고, 이것이 당신의 말이라는 것을 알게 될 것입니다. 깨어나는 이는 바로 당신의 상상력입니다. 그가 바로 하느님입니다.

상상력은 존재하는 모든 것들의 토대입니다. 지금 현실이라고 나타나 있는 것들은 한 때 상상 속에 있었습니다. 이 말을 반박할 수 있는 것을 하나라도 찾아보십시오. 상상의 비밀은 하느님의 비밀입니다. 상상의 비밀은 모든 이들이 풀기를 열망하는, 가장 최고의 문제입니다. 왜냐하면 최고의 힘, 최고의 지혜, 최고의 기쁨이 이 신비를 풀어내는 것 안에 놓여 있기 때문입니다. 저는 상상의 비밀을 당신에게 알려줄 수 있습니다. 당신이 이것을 받아들일지 여부나, 어떤 결과물을 얻게 될지는 오직 당신의 선택으로 남겨지게 될 것입니다. 세상 만물은 바로 이 힘에 의해 창조되었기 때문에 선한 결과이든 나쁜 결과이든 당신이 선택하게 됩니다. 성서에서는 이렇게 말합니다.

"나는 죽이기도 하고, 살리기도 한다. 나는 상처를 입히기도, 치료하기도 하며, 그 누구도 내 손아귀에서 무엇 하나 가져갈 수 없다. 나는 빛을 만들기도, 어둠을 창조하기도 한다. 나는 기쁨을 만들기도, 슬픔을 만들기도 한다. 나, 내가 바로 그이다. 나 외에는 어떤 하느님도 없더라."

이것은 인간의 상상력에 대한 이야기입니다.

이 힘에는 비밀이 있습니다. 여러분과 저는 실험을 통하여 이 비밀을 풀어보려고 합니다. 우리가 상상의 비밀을 발견할 때 우리는 하느님의 비밀을 발견하게 됩니다. 하느님과 인간의 상상력은 같은 의미이고, 바꿔 쓸 수 있습니다. 이런 구절을 보았을 것입니다.

"우리가 그에게 요청하는 것이 무엇이더라도, 그가 들었다는 것을 우리가 안다면, 우리는 우리가 그에게 요구했던 것들을 이미 받았다는 것을 안다."

'무엇이더라도' 라고 표현했습니다. 어떤 제한도 없습니다.

당신은 고요히 앉아서 지금 현재의 모습이 아닌 다른 모습이 되었다고 생각할 수 있습니다. 하지만 당신은, 세상에는 수십억의 사람들이 있는데 하느님은 한명 뿐이기 때문에 그분이 과연 나의 이야기를 들었을지 의심할 것입니다. 하지만 하느님과 당신의 경이로운 상상력을 동일한 것으로 본다면 하느님이 당신의 말을 들었다는 것을 조금도 의심하지 않을 것입니다.

당신의 경이로운 상상력이 하느님이라는 것을 믿을 수 있습니까? 시편 4장을 보면 "침대에 누워 당신의 가슴과 교감하라, 그리고 고요히 하라."는 말이 나옵니다. 당신이 당신 자신과 교감하여 대화를 한다는 것은 하느님이 당신의 말을 듣는다는 것입니다. 하지만 자신과 대화를 한다는 것이 하느님과 대화를 한다는 것임을 믿을 수 있습니까? 만일 당신이 원하는 모습이 되었다는 것을 사실로 받아들였을 때 하느님이 이미 당신의 기도에 응답했다는 것을 믿을 수 있습니까?

우리는 임신을 한 다음날, 아이가 태어날 거라 기대하지 않습니다. 비전은 그것 고유의 정해진 시간이 있기에 그것이 무르익는 시간이 지난 후에 꽃피어날 것입니다. 그 시간이 길게 느껴진다 해도 그래도 기다리십시오. 반드시 태어날 것이고, 결코 지체되지 않을 것입니다. 아이는 9개월의 시간이, 양은 5개월, 닭은 21일이, 코끼리는 1년 정도의 시간이 필요합니다. 모든 잉태에는 그것 특유의 시간이 있습니다. 무르익고, 결국 태어날 것입니다. 길게 느껴진다면, 그래도 기다리십시오. 그 태어남은 확실하고 그것 고유의 속성에 비해 조금도 늦춰지지 않을 것입니다.

당신은 당신이 원하는 바로 그 존재가 되었다는 것을 담대하게 받아들이십시오. 이성과 감각이 아니라고 말하더라도 당신은 당신이 원하는 그곳에 있다는 것을 담대하게 사실로 받아들이십시오. 그렇게 한다면 그 일은 이루어질까요? 해보는 데에 동전 하나 들지 않습니다. "돈 없이 와서 포도주를 사고, 우유를 사라!"고 말해집니다. 해보십시오. 제가 틀렸다는 것을 증명해보십시오.

제가 예전에 돈 한푼 없었던 시절, 1000달러 이상이 드는 여행을 원했던 적이 있습니다. 저는 그때 원하는 곳에 제가 있다는 것을 담대하게 받아들이고 그렇게 받아들인 곳으로부터 세상을 보았습니다. 소망을 생각하는 대신에(think of), 소망이 이루어진 곳으로부터 생각했습니다(think from). 상상 속에서 제 육신이 누워 있는 곳을 생각했을 때 제가 있는 곳에서 북서쪽으로 2천 마일이나 떨어져 있는 곳으로 느껴졌습니다. 저는 이 믿음 속에서 잠들었습니다. 그 후 제가 의식적으로는 고안할 수 없었던 방법으로 이 믿음이 현실이란 세상에서 펼쳐졌고, 세상 속에서 단단한 현실이 되었습니다.

"주의 법칙 안에서 누리는 자는 축복되었도다. 그가 하는 모든 것에서 번영하리라."라고 말합니다. "만일 그것이 네게 좋은 것이라면"이라는 단서가 붙지 않았습니다. 당신은 끔찍한 선택을 할 수도 있습니다. 하느님은 그저 당신의 상상 속에서 이루어진 활동이 현실이라고 말할 뿐입니다.

"나는 그대에게 말하노니, 간통하지 말라는 옛 격언을 들었을 것이지만, 한 여성을 욕망에 찬 눈으로 바라보는 자도 이미 그 마음에서 간통을 한 것이더라."

하느님은 우리에게, 충동을 억제하는 것으로는 충분하지 않고, 상상하는 순간에 이미 행동을 한 것이라고 말합니다. 마음은 있었지만, 행동이 가져올 결과들에 겁이 나서 실행하지 못했을 수 있습니다. 하지만 상상했을 때 그것은 이미 현실입니다.

당신은 재정적으로 안정된 것을 언제라도 상상할 수 있습니다. 상상을 막을 사람은 어디에도 없습니다. 그런데도 당신은 "난 돈이 없어. 취업하기에는 너무 나이가 많아. 나에게는 무언가를 물려줄 친척도 없는 걸."이라고 말하면서 재정적으로 안정될 수 없는 수천 가지 이유를 대고 있습니다. 하지만 상상은 할 수 있지 않습니까? 상상하는 것을 누가 막을 수 있겠습니까? 당신이 원하는 사람이 되었다는 것을 담대하게 상상할 수 있습니까? 전 할 수 있습니다. 셀 수 없이 해봤습니다. 제가 잘 모르는 사람뿐만 아니라, 진심으로 사랑하는 이들을 위해서 상상력을 성공적으로 사용했습니다. 물론 종종 실패도 했습니다. 하지만 실패의 원인은 저에게 있었지, 법칙 때문은 아니었습니다.

믿음이 더해진 상상력은 우리가 우리의 세상을 만들어내는 재료입니다. 성경에서는 이 방식으로 세상 모든 것이 만들어졌다고 말합니다.

"그분은 보이지 않는 것을 마치 보이는 것처럼 불렀고, 보이지 않는 것은 보이게 되었더라…"

내가 하느님에게 다가갈 때 그분이 존재한다는 것을, 그리고 그분을 믿는 사람들에게 보상을 준다는 것을 나는 믿어야만 합니다. 나는 내 상상의 활동에 믿음을 가져야만 합니다.

내가 하느님과 함께 있고 상상의 활동이 하느님의 활동이라는 것을 믿으면서 하나의 상태를 고요하게 상상한다면, 결과는 나를 따라올 것입니다. 왜냐하면 상상을 한 순간 상상의 활동은 이미 원인세계의 현실이기 때문입니다. 상상했던 것이 세상에 현실로 등장했을 때 당신은 앞서 일어났던 물질적인 일들을 생각하면서 그것들이 원인이라 생각할지도 모릅니다. 하지만 이 세상에 일어난 모든 결과들은 상상이란 곳에 원인이 있는 것이지, 물질적인 세상에서는 찾을 수 없습니다. 물질적인 것은 원인처럼 보일 뿐입니다. 우리의 희미해지는 기억이 만들어내는 환상입니다. 우리의 불완전한 기억력은 우리가 상상의 나래를 펼쳤던 순간을 기억하지 못합니다.

일전에 치과의사 선생님이 천진한 얼굴로 이렇게 말했습니다. "제가 예전에 선생님의 이를 치료했었을 적에, 전 속으로 '이런 이라면 앞으로 13년 동안은 괜찮을 것 같네.'라고 말했었죠."

제가 그 의사선생님을 다시 보러 간 것이 13년이 되었을 때였습니다. 그가 25년이라고 말했더라면 어땠을까요? 물론 그렇게 말하지 않았습니다. 13년이 흐른 후에 치아를 새로 해야만 했습니다. 의사 선생님이 이 일의 원인을 작동시켰던 것입니다. 그 일이 자신의 상상의 활동이라고, 말하지도 않았고 말할 필요도 없었지만, 저는 그가 행사한 창조력의 희생자였습니다.

어떤 것도 가볍게 받아들이지 마십시오. 여러분은 아침, 점심,

저녁으로 계속 창조를 하고 있는 중입니다. 당신의 상상력이 하느님이기 때문에 당신의 상상력이 펼치는 활동은 하느님이 펼치는 활동입니다. 하느님은 이렇게 말했습니다.

"나는 그대를 고난의 용광로에서 시련시킨다. 내가 나를 위하여, 내가 내 자신을 위하여 이를 한다. 어찌 내 이름을 욕되게 하리요, 내 영광을 다른 이에게 주지 아니하리라."

'하느님의 영광'이란 출애굽기 33장에서 말한 것처럼 하느님 자신이라는 선물입니다.

"나는 내 영광을 그대 앞에 지나가게 하니, 내가 지나갈 때…."

위 문장처럼 영광은 하느님과 동일한 의미로 쓰였습니다. 왜냐하면 하느님의 이름이 '나(I AM)'이고, 하느님은 자신의 영광(하느님 자신을 말함)을 다른 이에게 줄 수 없기 때문입니다.

하느님은 인간이 되면서 인간을 용광로 속에 넣었습니다. 이 이야기를 주의 깊게 읽었다면 하느님이 당신의 병과 당신의 고통을 짊어졌다는 것을 알게 될 것입니다. 누가 고통을 받습니까? 당신은 "내가 고통을 받는다."고 말할 것입니다. 그것이 바로 하느님입니다. "하지만 내가 고통을 받지, 그분이 고통을 받는 것이 아닙니다."라고 다시 항변합니다. 그(He)란 없습니다. 그분의 이름은 'I AM(나)'입니다. 내가 통증을 느끼고, 내가 병을 앓고, 내가 질병을 겪습니다.. 내가.. 이것이 하느님입니다.

상상력, 만물의 기초

"어리석은 자는 하느님이나 하느님의 아들 같은 것은 없다고, 그리고 그대, 오! 인간의 상상력은 그저 망상일 뿐이라고 조롱한다. 하지만 나는 오! 주여, 그대가 나의 지친 눈에 그대의 모습이 차오르기 시작했을 때, 심지어 이 철공장에서도 나는 그대를 알아본다. 내가 그대를 보고 있지 않을지라도 그대는 나와 함께 고통을 겪는다."

그러자 음성이 들려옵니다.

"두려워 말라, 나는 그대와 언제나 함께이니."

당신은 단 한 순간이라도 상상으로부터 벗어날 수 있습니까? 지금 잠에 빠져 꿈을 꾸기 시작한다면 벗어나게 될까요? 꿈꾸는 자는 누구입니까? 당신의 상상력입니다. 당신이 깨어났을 때 하느님은 여전히 당신과 함께입니다. 왜냐하면 당신은 여전히 상상을 하고 있기 때문입니다. 나는(I AM) 상상력이라 이름 붙여진 그 실체입니다.

하느님은 마치 다른 이들은 세상에 없는 것처럼, 당신에게 하느님 자신을 줄 것이라고 약속했습니다. 세상만물은 당신의 자아가 확장된 것이기에, 당신 자아의 활동을 통해 세상 모든 것들을 다룹니다.

당신이 당신 안에서 깨어나게 될 날이 오게 될 것입니다. 그곳이 하느님이 묻혀 있는 유일한 무덤이기 때문에 당신은 당신의 두개골에서 깨어납니다. 그곳에서 당신이 깨어날 때 당신은 태어나는 것입니다. 하지만 "피나 육신의 의지(인간의 의지)로 태어나는 것이 아니라, 하느님의 의지로 태어나는" 것입니다. 다른 말로 하면 당신은 당신 자신을 잉태하여 낳게 됩니다.

하느님은 당신 안에서 하느님 자신을 낳습니다. 이것은 히브리서에서 "그분은 많은 아들들을 영광으로 이끌고 있더라."는 구절로 표현됐습니다. 하지만 아들들은 번호가 매겨져(많은 수로 나뉘어져) 있습니다. 여인에게서 태어난 아이들은 모두 하느님의 아들들입니다. 신명기 32장에는 "그분은 지상의 백성들을 하느님 아들의 숫자에 따라 나누었더라."고 말합니다.

당신은 "하지만 세상에는 수백만의 아이들이 있습니다."라고 항변할지도 모릅니다. 그게 뭐가 어때서요? 성서에서는 "나는 하늘의 별보다 더, 해변의 모래알보다 더 많이 나눌 것이더라."고 말합니다. 하늘의 별과 해변의 모래알을 세어보세요. 다 셀 수 없습니다. 성서에서는 둘째 아들이 많다는 것을 이렇게 엄청난 숫자를 통해 표현했습니다.

둘째 아들은 정신이 나가 자신의 힘을 지혜롭지 않게 낭비했습니다. 다시 정신이 돌아왔을 때 아버지에게 돌아왔고, 아버지는 둘째를 안으면서 자신의 권능을 물려줍니다. 둘째 아들은 아버지로부터 반지와 예복과 살찐 송아지를 받습니다. 이것은 아버지가 돌아온 탕아에게 모든 것을 다 주었다는 의미입니다. 아버지가 집을 나갔다 온 둘째 아들에게 준 선물은 하느님 자신이라는 선물입니다.

"세상이 만들어지기도 전에 나는 내 안에서 너를 선택했더라."

첫째 아들이 불평하게 하십시오. 첫째는 계속 불평해댈 것입니다.

"나는 아버지 당신을 섬겼는데, 당신께서는 저에게 하나도 주지 않았습니다. 그러자 아버지가 말하기를, '나의 아들아, 내가 가진 모든 것은 너의 것이다'라고 하시더라."

세상의 아주 막대한 자산들도 그것에 대한 지식이나 사용할 준비가 되어 있지 않다면 아무 의미가 없습니다. 우리가 이야기의 탕아처럼 세상으로 나가서 상상력을 잘못 사용하지 않았다면 우리는 세상을 만든 것이 우리의 창조력이란 것을 알 수 없습니다.

어느 날 밤, 저는 이 진리를 아주 명확하게 이해했습니다. 저는 아주 많은 해바라기가 심어져 있는 곳에 있었습니다. 해바라기 모두는 땅에 심어져 있었는데, 모두 인간의 얼굴을 하고 있었습니다. 이것들은 마치 오케스트라처럼 동시에 움직였습니다. 하나가 웃으면 모두가 함께 웃습니다. 하나가 굽히면, 모두가 굽힙니다. 이렇게 모두가 함께 움직입니다. 어떤 하나가 이들을 이끌었던 것은 아니고, 모두가 자동적으로 이렇게 하는 듯 보였습니다.

그러다가 저는 (물론 '나'라는 한계에 갇혀 있긴 했지만) 여기 모인 다른 것들보다 더욱 자유로운 존재라는 것을 느꼈습니다.

제가 가진 것을 전혀 인식하지 못한 채, 저도 이 끝없는 정원의 한 부분이었습니다. 하지만 아버지께서는 이 세상이 지어지기도 전에, 제가 가진 것을 인식할 수 있게끔 그분 안에서 저를 택했습니다. 고난의 용광로를 통해 하느님은 제 안에서 깨어나고, 그때서야 저는 제가 누구인지를 알게 됩니다.

태초에 하느님은 하나의 본보기(a pattern)를 마련해서, 그리스도라는 본보기 인간(pattern man)을 당신 안에 묻어 놨습니다. 이 본보기가 당신 안에서 펼쳐질 때 당신 자신으로서 펼쳐지게 되고, 그때서야 당신은 성서에서 하느님 아버지라고 불리던 주가 당신 자신이란 것을 알게 됩니다.

앞서 치과 선생님처럼 당신도 창조자입니다. 그가 '13년은 괜찮겠네요.'라고 속으로 말했을 때 창조가 이루어지는 원인을 작동시켰습니다.

블레이크의 아름다운 시, 예루살렘에서 이렇게 말합니다.

"오, 가장 힘이 있는 인간의 말로 나는 무엇을 말했던가, 무엇을 행했던가?"

인간의 말은 하느님의 말씀이기에 "나의 말씀은 빈 것으로 돌아오지 않을 것이고, 내가 목적했던 것을 성취할 것이고, 내가 말씀을 보낸 것에서 번영할 것"입니다.

우리 인간들은 우리가 내뱉었던 말을 잊습니다. 그래서 말이 현실로 이루어졌을 때도 물질적인 원인만을 찾습니다. 그 누구도 말씀이 보내졌을 때를 생각하지 않습니다. 하지만 말씀은 나가서 아무 소득도 없이 돌아오지 않습니다. 내가 목적한 것을 이루고, 내 말씀이 보내진 것 안에서 번영합니다.

1919년의 아버지가 생각납니다. 아버지는 선박용 장비를 파는 잡화점을 했습니다. 배들이 1차 세계 전쟁을 피해 아이들을 데리고 오는 중이었는데, 선장은 여러 가지 이야기들을 아버지에게 했습니다. 저녁 시간에 선장은 제 어머니에게 이렇게 말했습니다.

"20년 안에 또 다른 전쟁이 있을 거예요. 그건 독일과 일본에 대항하는 전쟁이 될 겁니다. (이탈리아에 대해서는 언급이 없었습니다) 미국과 프랑스는 또 우리의 동맹국이 될 겁니다."

1939년 9월 1일, 전쟁이 발발했습니다. 정확하게 20년이 지난 후였습니다. 아버지는 자신이 들었던 이야기를 계속 반복했었을 뿐이지만, 이것은 아버지의 말씀이 되었고, 아버지는 이 말씀에 믿음을 더해주었습니다.

매일 신문 앞면을 장식하고 있는 기사들은 내일 일어날 혼란의 도화선이 됩니다. 끔찍한 헤드라인을 쓰는 사람들이 있습니다. 그들은 이런 것들이 누구에게도 해를 끼치지 않으면서 신문이 팔리게 해준다고 생각합니다. 해를 끼치지 않는다고요? 우리는 이것들을 현실로 만들어내고 있는 중입니다. 하느님과 인간은 하나이기 때문에 우리는 우리의 말들을 현실로 만들어가고 있습니다. 인간의 참존재는 상상력입니다. 하느님은 인간이고 인간 안에 살고 있으며, 우리 또한 하느님 안에 존재합니다. 인간의 불멸의 몸은 상상력이며 상상력이 하느님입니다. 하느님의 말씀은 인간의 말입니다. 그래서 확신을 가지고 말한다면 절대 빈 것으로 돌아오지 않습니다.

믿음이 더해진 상상력은 우리의 세상을 만들어내는 가장 핵심 요소입니다. 당신은 자신과 대화를 나눌 때, 하느님이 당신의 이야기를 들었다는 것을 확신할 수 있습니까? 어쨌든 당신은 당신이 상상 속에서 한 말을 당신이 들었다는 것은 압니다. 요한1서, 5장 15절에는 "우리가 하느님에게 요청한 것은 무엇이든지 하느님이 들었다는 것을 우리가 안다면, 우리는 그분에게 요구했던 것을 이미 받았다는 것을 안다."라고 말합니다. 우리는 이미 받았습니다. 어떤 씨앗을 심었는지에 따라 오늘 밤 나타날 수도 있습니다. 어떤 씨앗은 더 많은 시간이 걸릴지도 모르지만 어떤 씨앗은 밤사이에 자라나기도 합니다. 모든 씨앗은 각각 그것 고유의 시간이 필요합니다. 당신은 부자가 되고 싶기도 하고, 건강해지고 싶기도 하고, 행복해지고 싶기도 합니다. 원하는 것이 무엇이든 모두 가능합니다.

경이로운 인간의 상상력은 불멸이라고, 저는 여러분에게 말합니다. 이것은 당신 안에 존재하는 불멸의 인간입니다. 그 무엇도 죽지 않고, 모든 것은 다 회복됩니다. 하지만 이 회복을 넘어서게 되는 날이 올 것입니다. 바로 부활입니다. 언젠가 당신은 부활하게 될 것입니다. 부활이 이루어지는 날 전까지는 반드시 법칙을 사용하십시오.

"주의 법칙 안에서 누리는 자는 축복이 있더라. 그가 하는 모든 것에서 번영하리라."

당신의 욕망을 말해보십시오. 그리고 사실로 받아들이고, 이렇게 사실로 받아들인 곳으로부터 세상을 보십시오. 원하는 것을 생각하는 것이 아닙니다. 사실로 받아들인 곳으로부터 세상을 보십시오. 그러면 욕망이 현실로 나타나는 것을 보게 될 것입니다.

인간은 오직 상상력이기에 상상 속에서 자신이 있는 곳에, 실제로 그곳에 있는 것입니다. 여러분은 지금 의자에 앉아 있지만, 의자가 아닌 다른 곳에 있기로 마음먹었다면 당신이 지금 자연스럽게 어떤 생각을 하고 있는지에 따라 당신이 옮겨가는 것에 성공했는지, 아닌지를 말할 수 있습니다. 만일 그곳으로 옮겨갔다면 당신은 무엇을 보게 됩니까? 만일 당신 마음의 눈 안에서 여전히 이 방이 보인다면 당신은 옮겨간 것이 아닙니다. 움직임은 다른 물체와의 관계에서 당신의 위치가 변화되었을 때에만 감지될 수 있습니다. 만일 지금 이 방이 아닌, 다른 곳에 당신이 있다는 것을 받아들였다면 이 방을 다시 생각해보세요. 이 방이 예전과는 다르게 보인다면 당신은 옮겨간 것입니다.

친구의 이야기를 해보겠습니다. 그녀의 이름은 아마도 미국에서 가장 유명한 이름일 것입니다. 루즈벨트입니다. 테디 루즈벨트의 친척입니다. 이런 이름에도 불구하고 재산이 많지 않습니다. 어느 날 그녀는 저에게 이렇게 말했습니다.

"네빌, 절망적이에요. 지금 뉴욕에 있는 집이 임대가 나가지 않으면 롱아일랜드에 새집을 얻을 여유가 없어요."

전 말했습니다.

"좋습니다. 오늘 밤 롱아일랜드에 있는 집에서 잠드세요."

"하지만 제가 어떻게 거기에서 잘 수 있죠?"

저는 대답했습니다. "육체적으로 그렇게 하는 게 아닙니다. 몸은 뉴욕에 있는 아파트에서 주무세요. 단지 상상 속에서는 롱 아일랜드에 있는 집에서 주무시면서 임대가 나간 뉴욕의 당신 집을 생각하세요."

"그렇게 해볼게요. 그래서 혹시 임대가 나간다면 전화할게요."

전 대답했습니다. "혹시라는 건 없습니다. 혹시라는 것이 있다면, 그건 유일하게 당신이 혹시 그걸 직접 해보느냐, 아니냐의 문제만 있을 뿐입니다. 해보기만 한다면 당신은 제게 전화를 하게 될 것입니다."

다음날 아침 루즈벨트 양에게서 전화가 왔습니다. 그녀는 이렇게 말했습니다.

"전 지금 롱아일랜드에서 전화를 하고 있는 중이예요. 지난 밤 이곳에서 잤어요. 상상이 아닌 실제로요. 당신의 집에서 곧장 뉴욕에 있는 제 집으로 갔었죠. 도착하자마자 공인중개사에게서 전화가 왔는데, 아파트를 보여 달라고 하더군요. 남자 분이었는데 제 집을 마음에 들어 했고, 게다가 돈은 그분에게는 아무 문제도 아니었죠. 바로 그 집을 얻기를 원했어요. 그래서 저는 사무실에 있는 남편에게 전화를 했고 우리는 지난 밤 바로 이사를 왔어요."

하루는 루즈벨트 양이 자신의 아들 문제로 저를 만나러 왔습니다. 이집트에서 돌아온 아들이 아주 긴 수염을 기른 채로 왔다고 합니다.

"네빌, 정말 당황스러워요. 그 아이와 함께 있는 것을 다른 사람이 볼까봐 두려워요. 아이아빠와 제가 하는 이야기를 조금도 들으려 하지 않고 짜증만 내니, 제가 어떻게 해야 하나요?"

저는 이렇게 말했습니다. "루즈벨트, 수염이 없는 아들과 키스를 한다면 어떤 기분일까요? 아들에게 키스를 하긴 하시죠? 그렇다면 당신의 손으로 아들의 얼굴을 만지면서 키스를 해보세요. 수염이 없다는 것을 인식하면서 매끈한 피부를 느껴보세요."

그러자 루즈벨트 양은, "좋아요! 해보겠어요."라고 대답했습니다.

시간이 흘러, 어느 날 아침 저는 성대한 웨딩 사진을 보았습니다. 영국 성공회의 계단을 내려가고 있는 루즈벨트 양, 그녀의 남편, 그리고 아들과 신부의 모습이 있었고, 아들의 얼굴에는 수염이 없었습니다.

그 후에 그녀를 만나던 날, 그 일을 상기시키자, 이렇게 말했습니다.

"왜 그렇게 됐는지 아세요?"

"네, 전 당연히 알고 있죠. 하지만 당신이 말해보겠어요?"

"네. 우리 며느리가 선언하길, 면도를 하지 않으면 결혼식장에 가지 않을 거라고 했거든요."

그녀는 물질적인 세상에서 일어나는 활동만을 보았지만 그게 전부는 아니었습니다. 물질적 원인을 가진 물질적 결과란 없습니다. 모든 물질적 결과들은 상상이라는 곳에 원인을 지니고 있습니다. 물질 세상은 그저 그렇게 보일 뿐인, 속임수의 세상입니다.

진지하게 받아들이기 바랍니다. 여러분의 상상 속에서 일어나는 일들을 잘 관찰하고, 어떤 것도 가볍게 여기지 마십시오. 당신이나 다른 누군가를 상처주거나 당황하게 하는 것은 절대 말하지 마십시오. 아무리 이성이란 것이 그렇게 말한다고 해도 절대 말하지 마십시오. 당신의 말은 하느님의 말씀이기 때문입니다.

"오 전능한 인간의 말로, 나는 무엇을 말했던가, 나는 무엇을 행했던가?"

2년 전에 심각할 정도의 혈액 응고가 일어나 동맥이 굳고 관절염이 생겨 병원에 입원하게 되었습니다. 신경은 손상됐고 갑상선은 부었습니다. 의사들은 제가 앓고 있는 병의 원인에 대해 의견이 분분했고, 그들이 내린 어떤 처방도 효과가 없었습니다. 자유롭게 돌아다니는 일은 이제 꿈도 꿀 수 없게 되었고 침대에 꼭 매여 사는 신세가 되었습니다. 엉덩이에서 발가락까지 상자에 꽉 껴서 튼튼한 끈으로 꽉 매여 있는 듯했고, 엉덩이까지 오는 긴 탄력 스타킹의 도움 없이는 발 하나도 바닥에 내려놓을 수가 없었습니다.

어느 정도 선생님이 가르친 것에 대해 알고 있었고 그걸 적용해 보려 했습니다. 하지만 제 상황은 점점 더 심각해져서 더 이상 강의에 참석할 수가 없었고 절망은 커져만 갔습니다. 하루는 친구가 저에게 엽서 한 장을 보냈는데 엽서에는 아름다운 해안가의 풍경이 담겨 있었습니다. 계속 꺼내 보고 싶을 정도로 사진은 너무 아름다웠습니다.

엽서의 사진은 제가 작년 여름에 부모님과 함께 해변에 갔던 장면을 떠오르게 했습니다. 잠시 동안 그 엽서의 사진은 마치 살아있는 풍경이 되어서 제가 해변을 뛰어다니는 생각으로 마음을 채웠습니다. 백사장의 모래와 차가운 물이 발에 닿는 것이 느껴졌고, 해안에 부딪치는 파도소리도 들렸습니다. 비록 침대 위에 누워있는 신세지만 이런 상상 속의 행동들이 저를 기쁘게 했습니다. 그래서 저는 일 주일 동안 이 아름다운 장면을 날마다 상상했습니다.

어느 날 아침, 침대에 있다가 소파로 가기 위해 일어나 앉으려 했습니다. 그때 온 몸이 마비되는 듯, 참기 힘든 고통이 저를 덮쳤습니다.

앉지도 눕지도 못하는 상황이 되었고 이 끔찍한 고통은 영원 같은 1분의 시간동안 지속됐습니다. 그런데 이 고통이 멈췄을 때 제 몸은 자유를 찾았습니다. 다리를 꽉 묶고 있던 끈들이 잘라져 나간 듯 했습니다. 바로 직전까지 꼼짝도 못 하던 몸이, 눈 깜짝할 사이에 자유롭게 되었습니다. 차츰 좋아진 것이 아니라 순식간에 자유가 찾아왔습니다.

우리는 눈에 보이는 것에 의지해 걷는 것이 아니라, 믿음으로 걷는다.

눈에 의지해 걷는다면, 보이는 것들로 우리의 길을 인식합니다. 하지만 우리가 믿음에 의지해서 걷는다면 상상 속에서 보고 있는 세상과 행동들로 우리의 삶을 만들어가게 됩니다.
우리가 상상의 눈을 통해 인식하지 않는다면 감각 기관을 통해 사물을 인식하게 됩니다. 두 가지 마음의 태도 모두 가능합니다. 상상 속에서 만든 것들을 현실로 불러낼 수 있는, '창조력이 있는 상상의 힘'을 쓰든지, 아니면 상상의 힘은 내버려 둔 채 있는 그대로만을 비추면서 '시선이 머문 곳'에 의지하든가, 우리는 결정을 내려야 합니다.

[네빌고다드의 부활] 중에서

ENDS, Ultimate and Temporary
궁극적인 결말, 일시적인 결말

이제 마지막 결론 안에서 사십시오.
이것이 지금 현실이라면 과연 어떤 모습일까요?
이것이 사실이었다면 그 느낌은 어땠을까요?
이것은 간단히 말해 마지막을 잡아내서
나를 그 느낌 속에 완전히 적시는 것입니다.
소망이 성취된 느낌을 사실로 받아들이고
그 느낌으로 나 자신을 흠뻑 적십니다.

여러분이 오늘의 주제를 흥미롭게 느낄 거라 생각합니다. 왜냐하면 오늘은 마지막이라는 주제를 말하려고 하는데, 이것은 앞서 길을 걸었던 선구자들에게 의미가 있었던 궁극적인 마지막과 세속에 관심을 두고 있는 우리들에게 의미를 가지는 일시적인 마지막에 대해 말하기 때문입니다.

시편의 저자는 "주여, 저의 마지막을 알게 해주고, 얼마나 제 날이 남았는지 알게 해주십시오."라고 적었습니다. 그러자, "두려워 말라, 그대에게 하늘나라의 왕국을 주는 것은 아버지의 기쁨이더라."고 대답합니다. 이것이 궁극적인 마지막입니다. 하느님이 당신에게 하늘나라의 왕국을 준다는 것은, 당신에게 하느님 자신을 준다는 것을 뜻합니다. 하늘나라와 하느님은 동일합니다.

하느님은 우리 모두에게 하느님 자신을 줄 수 있습니다. 이 선물은 인간의 역경 후에 예고도 없이 갑자기 주어집니다. 하느님은 이렇게 말했습니다.

"나는 나를 위해서 그대를 고난의 용광로에 시련토록 하였더라. 나를 위해서 나는 그것을 하였으니, 어찌 나의 이름이 더럽혀지리요? 나는 나의 영광을 다른 사람에게 주지 않을 것이다."

출애굽기의 다음 이야기는 영광과 하느님이 동일하게 쓰였다는 것을 보여줍니다.

"나는 내 영광을 그대 앞에 지나가게 할 것이고, 내가 그렇게 지나갈 때.."

이렇게 "나"와 "영광"은 동의어로 쓰였습니다. 하느님은 자신을 다른 사람에게 줄 수 없습니다.

용광로는 인간을 하느님으로 바꾸는 역할을 합니다. 하느님은 나를 하느님으로 만들기 위해서 내가 되었습니다. 나는 고난의 경험을 통해 그 시간을 통과했을 때 어느 날 마지막 시간이 다가옵니다. 이 사건은 유일무이하고 예기치 않은 방식으로 다가옵니다. 사람들은 이런 경험을 하지 않고도 이 길을 발견할 수 있을 것이라고 생각합니다. 하지만 그럴 수는 없습니다.

자, 다음의 말을 주의 깊게 들으십시오. 이사야 48장 3절의 내용입니다.

"내가 선언했던 과거의 것들은 내 입에서 나가 알렸더라. 그리고는 갑자기 나는 그것들을 행하니, 그것들이 이루어졌더라."

자, 여기에서는 앞으로 이루어질 것들에 대해 선언했던 자가 스스로 그 일을 하게 됩니다.

그분이 그분 자신을 나에게 주려고 한다면 그분은 내 안에서 그분이 선언했던 것을 이루어야만 합니다. 이 예기치 않은, 그리고 유일무이한 사건이 일어날 때 이 일은 내 안에서 '1인칭에 단수(I AM)'로 경험됩니다. 아무런 예고도 없이 갑자기 일어납니다. 제가 실제로 하느님의 선물을 경험할 때 이 일은 외부의 누군가가 저에게 무언가를 주는 형식으로 일어나지 않았습니다. 하느님이 제 안에서 깨어났고, 그 후에 저는 제가 누구인지 알게 되었습니다.

예수를 만났고 그분이 다시 돌아오기를 기다리고 있다고 주장하는 목사님들이 있습니다. 그들에게 "예수님이 누구입니까?"라고 물어보십시오. 그러면 "예수님은 하느님의 아들입니다."라고 대답할 것입니다. 그렇다면 이렇게 말해보십시오.

"만약 당신이 예수를 만났고, 그분이 하느님의 아들이라고 말한다면 당신은 분명 하느님일 겁니다."

아마 이 말에 충격을 받으면서 이렇게 말하는 당신을 이단으로 여길 것입니다. 하지만 성경에는 "그 누구도 아버지가 아니고서는 아들을 알지 못한다."라고 쓰였습니다. 그렇다면 그들이 만난 것이 예수이고, 예수가 하느님의 아들이라면 그들은 분명 하느님 아버지입니다.

당신은 그의 면전에서 이렇게 말할 수 있습니다.

"당신은 거짓말을 했습니다. 왜냐하면 당신은 외부에서 예수를 만날 수 없기 때문입니다."

당신은 하느님의 아들을 통해 하느님을 알게 됩니다. 예수는 아버지이고 다윗이 아들이기 때문에 당신은 예수를 통해 하느님을 알 수 있는 게 아닙니다. 당신이 다윗을 만날 때 다윗이 당신의 아들이란 것을 알게 됩니다. 그리고 다윗이 하느님의 아들이기 때문에 당신이란 존재가 누구인지 알게 됩니다. 이것 외에 하느님을 알게 되는 다른 방법은 없습니다. 유일한 방법입니다. 성서의 이야기 전부는 유일무이하고 예기치 않은 방식으로 당신에게 주어집니다.

"내가 선언했던 과거의 옛 것들은, 내 입에서 나가 알렸다. 그런 후에 나는 갑자기 행하였더니, 그것들이 이루어졌더라."

이사야 48장입니다. 읽어보십시오.

"이사야"는 "여호와가 구원한다."는 뜻입니다. 이사야는 예수나 여호와와 같은 뜻입니다. 여호와는 구원입니다. 예수는, "여호와가 구원이다."라는 것을 뜻합니다. 예수와 여호와라는 단어는 서로 바꿔 쓸 수 있는 단어입니다.

"성령(Holy Spirit)을 제외하고는 그 누구도 예수가 주라고 말할 수 없더라."

성령은 누구입니까? 이것은 기억을 회생시키는 자입니다.

"그는 내가 그대에게 이전까지 말했던 모든 것을 당신의 기억 속으로 가져다 줄 것이라."

그분은 우리에게 개별적으로 옵니다. 외부에서 오는 것이 아닙니다. 그분은 우리 내부에 묻혀 있고, 내부에서 일어나기 때문에 내부에서 개별적으로 다가옵니다.

"하느님은 세상이 이루어지기 전부터 그분 안에서 우리를 선택하였더라."

하나인 존재가 추락해서 수많은 존재로 갈라졌습니다. 우리 모두는 하나인 존재의 자손들입니다. 그리고는 인간 경험의 거대한 역경, 거대한 고난이 닥칩니다. 그 후에 이 하나의 존재는 자신에게서 갈라져 나온 자손들을 하나씩, 하나씩 모두 불러옵니다. 우리가 다시 돌아갈 때 우리는 하느님 아버지라는, 추락하기 전의 존재가 됩니다. 당신은 아들이라 불리는 조각조각 났던 차원에서 들어 올려져, 하느님 아버지라는 차원으로, 즉 성서에서는 예수로 인격화되었던 그곳으로 들어갑니다.

35년 전에 예술가인 친구는 저를 뉴욕 공립 도서관으로 데려가서 예수의 46가지 초상화를 보여줬습니다. 그런데 그 중에 똑같은 모습이 하나도 없다는 것을 아십니까? 그 그림들은 그저 그것들을 그렸던 화가 자신의 모습을 인격화시킨 것뿐이었습니다.

환한 인상에 흰 피부의, 오픈 셔츠를 입고 있는 미국의 예수가 있었습니다. 그리고 독일의 예수는 맥주 한잔을 들이킬 모습이었고, 슬픈 얼굴을 한 이탈리아 예수도 있었습니다. 그리고 지나가는 여인들에게 윙크를 했었을 모습의 프랑스 예수도 있었습니다. 이것들 모두는 예수를 그렸던 화가들에 의해 인격화된 것입니다. 하지만 사람들은 이 그림들 46장 모두, 자신들이 목격한 예수의 모습이라고 주장했습니다.

어떤 사람들은 이 그림을 벽에 걸고는, 예수의 모습이라고 생각할 것입니다. 하지만 그렇지 않습니다. 예수가 아들을 통해 자신을 나타내지 않는 한, 당신은 예수를 결코 알지 못할 것입니다.

예수의 아들은 다윗입니다. 다윗이 당신의 세상에 나타났을 때 당신은 곧바로 자신이 누구인지 알게 됩니다.

다음의 말에 귀를 기울이십시오.

"내가 선언했던 과거의 것들은 내 입에서 나가 알렸더라. 그리고는 갑자기 나는 그것들을 행하니, 그것들이 이루어졌더라."

당신 안에서 갑자기 일어납니다. 어떤 준비도 없이, 어떤 경고도 없이 이 일은 일어납니다. 그가 모습을 드러낼 때 당신은 당신이 주 예수라는 것을 압니다. 전혀 자신의 정체성을 잃지 않은 채로 말입니다.

당신의 이름이 존이라면, 당신은 여전히 존이면서 다윗의 아버지라는 것을, 즉 하느님이란 것을 인식하게 됩니다. 만일 다윗이 하느님의 아들이라면 다윗이 당신의 아들이기 때문에 당신은 분명 하느님인 것입니다. 당신은 자신이 다윗의 아버지라는 것을 알게 되면서, 자신이 누구인지를 깨닫게 됩니다. 이 세상에서 이것 외에 하느님을 발견하는 방법은 없습니다.

저번 밤에 어떤 사람이 와서는 저에게 비전 사회(esoteric society)에 대해 이야기했는데, 그가 말하길, 만약 제가 그 사회의 일원이고 위에서 태어났다면 그 씨(정액)는 계속 당신 안에 남아 있어야만 한다고 했습니다. 전 말했습니다.

"당신은 언제까지라도 그것을 참고 있을 수 있죠. 그런데 만일 당신이 말 그대로 위에서 태어나지 않았다면 아마도 밤에 폭발을 하겠죠. 그러면서도 당신은 하느님이 좋아하는 일을 하고 있다고 생각할 건가요? 그렇지 않습니다."

당신은 세상에서 모든 특정 식단을 다 해볼 수 있고, 세상의 모든 초석들을 다 가져와볼 수 있고, 이런 종류의 것들을 이것저것 다 해볼 수 있습니다. 그러면서도 당신은 이 생식기(generation, 태어남)로 들어오는 자연스러운 에너지의 흐름을 멈출 수는 없습니다. 하지만 이 에너지의 흐름이 다시 부활의 장소(regeneration, 에너지의 흐름이 두개골로 들어가는 것을 말함)로 역류하는 순간, 성적인 것에 대한 어떤 것도 하지 않습니다. 그 충동은 사라져버렸기에 성적인 흥미를 모두 잃습니다.

이 물질적 태어남의 세상에서는 성욕이 삶의 일부입니다. 하지만 부활의 세상에서는 성에 대한 것을 초월하게 됩니다. 더 이상 당신에게 의미를 갖지 못합니다. 당신은 예전에 그토록 원했던 성적인 행위에 대한 충동을 겪지 않으면서 모두를 똑같이 사랑하게 됩니다.

우리가 성서에서 읽었던 경이로운 것들 모두는 하느님의 말씀입니다. 하지만 이것들은 단지 그림자일 뿐입니다. 실체가 잠깐 비춰진 그림자입니다. 그것이 본모습을 드러냈을 때 그림자로 나타내던 것과는 완전히 다른 모습입니다.

성서에서 나무 혹은 지팡이에 걸어두었던 뱀의 존재에 대한 이야기를 읽어보았을 것입니다. 당신은 읽으면서, 모세라고 불리는 사람이 뱀을 잡아서 지팡이에 걸어두었고, 이것을 쳐다보았던 사람들이 치유된다는 이야기라고 생각했을 것입니다. 아니요! 그것은 그림자일 뿐입니다.

성서에서는 이렇게 말합니다.

"그가 일어난 그 날에"(그런 후에 십자가형을 당하고, 다시 그 후에 일어납니다) "사원의 장막은 위에서부터 아래로 찢겨지더라."

이것을 읽으면서 어떤 사원이나 대성당, 혹은 유대교 회당을 떠올렸을 것입니다. 하지만 다음의 말을 주의 깊게 들으십시오.

"당신은 살아 있는 하느님의 사원이고, 하느님의 혼이 그대 안에 거주하더라."

당신이 사원이라면 이 장막이란 것도 분명 당신 안에 있을 것입니다.

이 사건이 생명을 얻어 당신 안에서 일어났을 때, 사원의 장막은 위에서부터 아래까지 둘로 찢겨질 것입니다. 갑자기, 아무런 경고도 없이 이 일은 일어납니다. 지금 제 경험을 바탕으로 말하고 있는 것입니다. 당신의 몸은 위에서부터 아래까지 둘로 찢길 것입니다. 척추 맨 아래 부분에서 황금색의, 액체와 같은, 살아서 맥동하고 있는 빛을 보게 됩니다. 이것을 응시했을 때 이것이 바로 당신이란 것을 알게 되면서 둘은 하나가 됩니다. 그리고는 불뱀처럼 위로 솟아 올라갑니다. 생식기 밑으로 내려갔던 불은 이제 부활 속으로 역류합니다.

누가 이것을 했나요? 당신은 "내가 경험했습니다."라고 답할 것입니다. 이것은 모두 1인칭으로 경험하게 됩니다. 다시 이사야 48장의 이야기에 귀를 기울여 보십시오.

"내가 선언했던 과거의 것들은 내 입에서 나갔고, 내가 그것들을 알렸다..." 이것 모두는 나, 나, 나라는 1인칭으로 쓰였습니다.

"그런 후 내가 그것을 행하자, 그것은 현실이 되었더라."

누가 행하였나요? 누가 실제로 이것을 느꼈나요? 내가 했습니다. 누가 상승해 올라갔나요? 내가 그랬습니다. 그 빛과 하나로 합쳐진 것은 누구인가요? 나입니다. 누가 둘로 나뉘어졌습니까? 나입니다. 이 일들 모두가 "나"라는 1인칭으로 진행됐습니다. 이것이 하느님이 자신을 인간에게 주는 방법입니다. 왜냐하면 하느님은 인간의 "나(I)"이기 때문입니다. 당신이 "나는"이라고 말할 때 이것은 하느님입니다. 이것 외의 다른 하느님은 없습니다. 하지만 하느님은 인간 안에 잠들어 있어서 우리 인간은 진짜 하느님에 대해서는 전혀 알지 못합니다.

하느님, 예수, 여호와, 주라는 단어를 들었을 때 당신이 "나 자신"이 아닌 외부의 무언가를 떠올렸다면 잘못된 하느님에 대한 상(像)을 지니고 있는 것입니다. 또한 주라는 단어를 들었을 때 외부의 어떤 대상이 떠올랐다면 올바른 주를 지니지 못한 것입니다. 만일 어떤 식으로든 당신 외부에 존재하는 어떤 사람에 대한 느낌이 들었다면 성서로 돌아가서 주가 누구인지 살펴보십시오. 하느님은 당신 안에 묻혀 있습니다.

"그대는 하느님의 사원이고 주의 영은 당신 안에 거하더라."

당신은 예수 그리스도가 당신 안에 있다는 것을 깨닫지 못했습니까? 물론 당신이 이 시험을 통과하지 못했다면 알지 못한 것입니다.

그분이 내 안에 있다면 나는 바깥세상을 쳐다보면서 무엇을 하고 있는 건가요? 제가 "예수"라는 단어를 들었을 때 오늘이나 내일 오게 될 외부의 누군가가, 혹은 지금으로부터 천년 후에 오게 될 누군가가 생각납니까? 만일 그렇다면 잘못된 예수를 지니고 있는 것입니다.

그리스도란 누구입니까? 그리스도는 하느님의 아들입니다. 만일 예수가 하느님의 아들이 아니라면 그리스도는 누구입니까? 그는 다윗입니다. 다윗은 주의 기름 부어진 자입니다. 다윗이 혼의 상태에서 예수를 나의 주, 나의 하느님, 나의 아버지라고 하지 않았습니까?

어떤 사제, 어떤 랍비, 어떤 목사든지 바깥세상의 주에 대해 말하고 있다면 그들은 주를 모르고 있다는 것을 명심하십시오. 만일 당신이 하느님을 알았다면 당신은 오직 당신 안에 있는 "I AM(나)"이라는 관점에서 생각하게 될 것입니다. 왜냐하면 바로 그곳이 하느님이 묻힌 곳이기 때문입니다.

자, 궁극적인 마지막은, 하느님이 그 자신을 당신에게 개별적으로 주는 것입니다. 당신이 깨어났을 때 당신은 하느님이고, 그 외의 하느님이란 없습니다. 하지만 우리는 이 선물이 주어지기 전까지는, 하느님의 사랑스러운 자녀로서 하느님을 모방해야 합니다. 하느님의 선물은 인간의 고난의 끝자락에 주어집니다.

"얼마나 길고, 얼마나 광대하고, 얼마나 혹독한 여정의 끝에 내가 아버지를 찾았는지는, 말하기에 너무나 긴 이야기였더라."

하지만 하느님은 하느님의 영광을 다른 사람에게 줄 수 없기 때문에 하느님 본인의 이익을 위해서 나를 고난 속에서 시험에 들게 할 것입니다. 하느님이 이것을 주는 일은 예고도 없이 갑자기 찾아올 것입니다. 어느 날 갑자기 성령(Holy Spirit)이 찾아와 내가 잊고 있었던 기억을 생각나게 해줄 것입니다.

태초에는 모든 것이 다 말해졌지만, 우리는 완전한 망각의 세상 속으로 들어갔습니다. 이런 완전한 망각 후에 기억이 다시 돌아오게 되면 우리는 우리가 누구인지 정확하게 알게 됩니다. 하지만 우리들 각각은 매우 유일무이한 존재이기 때문에 이 사건도 개개인에게 개별적으로 일어납니다. 우리는 하나일지라도 여전히 각각의 개성을 지닌 존재입니다. 그래서 당신은 개성을 지니고 있으면서도 여전히 하나인 존재로 남게 될 것입니다. 우리는 같은 자손들을 가진 동일한 아버지입니다. 하지만 그러면서도 개별화된 존재입니다. 이 개별적 개성은 계속해서 더욱 더 거대한 개별적 개성을 향해 영원토록 나아갑니다. 이것이 바로 성경의 이야기입니다.

그런데 사랑스러운 자녀로서 하느님을 모방해야만 한다면 지금 당장 마지막을 인식해야만 하겠습니다. 여기서 마지막은 제가 지금까지 말했던 궁극적인 마지막을 이야기하는 것이 아닙니다. 일시적인 마지막입니다. "나는 성공하고 싶다." "나는 근사하게 살고 싶다." 이것이 일시적인 마지막입니다. 이제 이 소망이 이루어진 결말로 가서 그곳에서 세상을 보십시오. 결말을 생각하는 것이 아닙니다. 결말을 생각한다(think of)는 것은 당신이 그곳에 있지 못하다는 증거이기 때문입니다.

이제 마지막 결론 안에서 사십시오. 이것이 지금 현실이라면 과연 어떤 모습일까요? 이것이 사실이었다면 그 느낌은 어땠을까요? 이것은 간단히 말해 마지막을 잡아내서 그 느낌 속에 자신을 완전히 적시는 것입니다. 소망이 성취된 느낌을 사실로 받아들이고, 그 느낌으로 나 자신을 흠뻑 적십니다. 그리고 눈을 뜨면 세상은 이 믿음을 부정합니다. 하지만 전혀 문제될 것이 없습니다. 결말에 충실하게 믿음을 유지한다면 믿음은 현실이 될 것입니다. 이런 믿음 후에도 어떤 시련이 닥쳐 좌절하기도 하고, 이해할 수 없게 지연되는 사건이 벌어질지도 모릅니다. 하지만 이상하게 들릴지 모르겠지만 당신이 상상 속에서 마지막에 도달했을 때 이것 전부는 이미 성취되었다는 것을 알게 될 것이고, 반대되는 사건들이 일어나는 동안에는 이해할 수 없었지만 그것들 모두 다 필요한 질서 속에서 일어났다는 것을 알게 될 것입니다. 저 역시도 과거에 겪었던 이해할 수 없는 절망이 저를 지금 하고 있는 일로 이끌었습니다.

아버지는 제가 뉴욕시에 있는 작은 학교에 갈 수 있도록 500달러를 줬습니다. 하지만 학교의 선생님은 저를 웃음거리로 만들었습니다. 그녀는 저를 40명의 학생들 앞에 세우더니 "이 학생이 말하는 것을 잘 들어보세요. 이 친구는 목소리를 사용하는 직업으로는 먹고 살기 힘들 거예요."라고 말했습니다.

그녀는 이런 말을 하지 말았어야 했습니다. 그녀는 자신이 지금 지적하고 있는 부류의 사람에 대해 알지 못했습니다. 저는 부끄러움으로 땅 속에 얼굴을 묻는 길을 택하지 않았습니다. 오히려 선생님의 말이 틀렸다는 것을 증명하겠다고 결심했습니다. 그녀가 학생들에게 저를 나쁜 예시의 대상으로 삼아 말을 했을 때,

이 안 좋은 사건처럼 보이던 일이 제게 어떤 일을 했습니다. 그녀의 주장은, 제가 후두음을 사용해서 아주 강한 악센트를 내기에 목소리를 이용한 직업은 구할 수 없다는 것이었습니다.

물론, 저는 그 학급의 다른 학생들이 무슨 일을 하고 있는지에 대해서는 알지 못합니다. 그들에 대한 이야기를 들은 적도 없습니다. 메이시 백화점에서 셔츠를 판다고 해도, 하나 잘못된 것이 없습니다. 당신의 목소리를 그곳에서 또한 사용할 수 있습니다. 하지만 저는 약이 올라서 그녀가 틀렸다는 것을 보여주자고 결심하면서, 마지막으로 갔습니다.

저는 결말로 가서 제가 청중들 앞에서 전혀 당황하지 않고, 어떤 것도 보지 않으면서 끊기지 않고 말할 수 있는 것을 실제로 느꼈습니다. (역주 : 실제로 네빌고다드는 아무런 대본 없이 강의를 했다) 그 선생님의 수업은 끝이 났고, 우리는 떠났습니다. 그녀는 제가 목소리로 직업을 구하지는 못할 거라고 확신했습니다. 어쩌면 그 수업을 들은 다른 사람들도 그랬을지 모릅니다. 하지만 그들이 어떻게 생각하는지는 전혀 문제가 되지 않습니다. 오직 문제가 되는 것은 내가 어떻게 하는지입니다. 다른 사람들도 그렇게 확신했을 수 있지만 문제가 되지 않습니다. 이 세상 전부는 나의 자아가 확장된 것뿐입니다. 시간을 되돌려보면 저에게 그 충격의 시간이 필요했을지도 모릅니다.

저는 그 후 다양한 시련들을 겪었고, 결국에는 제가 항상 하기 원하던 것을 하고 있습니다. 그것은 제가 비전으로 겪었던 일들을 사람들 앞에서 이야기하는 것입니다.

제가 강의를 하기 시작한 첫날 저녁, 여섯 명의 청중이 왔던 걸로 기억합니다. 홀을 대관하는데 3달러를 지급했고, 강연을 위해 턱시도를 입었습니다. 처음 10분을 강연했더니 말할 거리가 다 떨어지고 말았습니다. 하지만 그들은 매우 관대한 분들이었고, 모두 동정어린 마음으로 1달러씩을 주었습니다. 그래서 적어도 3달러를 벌었습니다.

이것이 제 강의의 첫 시작이었습니다. 강연은 조금씩 발전해서 3명에서 10명으로, 또 20명으로 점차 늘기 시작했습니다. 어느 날 밤 약 50명의 관중이 모였을 때였는데, 그 건물의 한 남자 분은 제 청중 숫자가 계속해서 느는 것을 보고는 멈추게 해야겠다고 생각했습니다. 그는 워싱턴 D.C에 있는 신사상 협의회로 가는 길이었는데, 저에게 자신의 강연을 맡아달라고 부탁했습니다. 그곳에는 약 500명 정도의 많은 청중이 있었습니다.

전 그 관대한 제안을 수락했습니다. (나중에서야 그의 목적이 저를 그 장소에서 쫓아내는 것이었다는 것을 알았습니다. 그는, 전혀 다른 방식으로 교육된 많은 청중들 앞에서 제가 웃음거리가 될 거라고 생각했습니다) 그에게는 불행이겠지만, 저에게는 행운이었습니다.

제가 이 강연을 끝내고 다음 강연을 하게 됐을 때는 강연자들을 모두 수용할 수가 없었습니다. 6개월 동안 여러 번에 걸쳐 장소를 이동해야만 했고, 결국 1100명이 앉을 수 있는 오래된 교회로 옮겼습니다.

그는 나에게 상처를 줄 것이라 생각했지만, "그대는 나에 대해 악한 의도로 했지만, 하느님은 선한 의도를 내었더라."는 성서의 말처럼 되었습니다. 그렇게 전 그의 청중들을 제 청중으로 만들었습니다.

당신은 이와 같은 일들을 경험하게 됩니다. 하지만 당신에게 적대적인 일들이 생겨났을 때 만일 결말에 대해 믿음을 유지하기만 한다면 그것들은 당신을 위해 움직입니다. 우리는 사랑하는 자녀로서 하느님을 모방해야 합니다.

그러면 성서의 내용처럼 "나는 신성한 형상을 잊을 수 없더라. 난 그것에 믿음을 유지"합니다. 만일 계속해서 결말에 대해 믿음을 유지한다면 어떤 일이 일어나든 개의치 않으면서 속으로 다음처럼 말합니다.

"그대는 나에게 악한 의도를 내었지만 하느님은 좋은 의도를 내었다."

사람들이 제 아버지가 회사에 갖고 있던 작은 지분을 빼앗으려고 했던 것이 기억납니다. 마치 세상의 종말이 온 기분이었습니다. 10명의 자녀들과 어머니, 아버지, 외할머니, 그리고 일하는 사람들까지 함께 사는 대가족에게 먹고 살 길이 막혔기 때문입니다. 사람들은 그런 고발사건이 사실인지 아닌지 확신할 수 없었기 때문에 그 누구도 아버지를 만나러 오지 않았습니다. 하지만 다시 생각해보면 그때가 우리 가족의 운이 바뀐 전환점이었습니다. 아버지는 회사에 대한 약간의 지분을 지닌 작은 파트너였었지만, 그 후 파트너들 없이 점점 잘 되어서 우리가 희망했던 것보다 더 큰 꿈을 이뤄냈습니다.

아버지는 자신의 비전을 계속 간직했습니다. 아버지는 잘못된 일은 하나도 하지 않았다는 것을 알았고, 자신이 인생에서 원하는 것, 가족에 대해 원하는 것에 관한 비전을 유지했습니다.

만일 당신에게도 비전이 있다면, 다시 말해 낮에 꾸는 꿈이라는 의미의 비전이 있다면, 그것에 믿음을 유지하십시오. 그 꿈이 현실이 된다면 이 세상에서 당신은 어떤 모습이겠습니까? 그것을 압니까? 당신의 세상에서 그 모습으로 있는 것이 어떻습니까? 자, 이것이 비전입니다. 이제 믿음을 유지하십시오. 어쩌면 내일이 되었을 때 심각한 타격이 올지도 모릅니다. 그걸 보고 당신은 소망에 차질이 생겼다고 생각할지도 모릅니다. 하지만 시간이 흐른 후 그 일이 결국 행운의 전환점이었다는 것을 알게 될 것입니다. 만일 당신이 비전에 믿음을 유지한다면 세상 만물이 당신의 소망을 이루게 하는 데에 힘을 더할 것입니다. 필요한 모든 것은 당신의 경이로운 상상력 안에 있습니다. 그것이 하느님입니다.

하느님은 당신을 하느님으로 만들기 위해서 당신이 되었습니다. 하느님은 하느님 위에 당신의 약함 모두를 짊어지고 있습니다. 당신은 "하느님은 고통 받지 않는다."라고 말할지도 모릅니다. 당신이 고통 속에 있을 때 제가 "당신은 고통스럽습니까?"라고 말한다면 당신의 대답은 "네, 저는 그렇습니다(I am)."입니다. I AM, 그것은 하느님의 이름입니다. 다른 이름은 없습니다. 그것이 하느님입니다. 당신은 "나는 고통스럽습니다. 나는 곤란합니다. 나는 원치 않습니다."라고 말할지도 모르는데, "나는(I AM)"이 하느님의 이름입니다. 하느님은 당신의 모든 고통을 겪고 있습니다. 왜냐하면 하느님이 하느님 자신을 당신으로 나타내는 그 날까지 당신으로서 당신과 함께 삶의 여정을 걷게 되기 때문입니다. 이것이 하느님입니다. 세상의 모든 역할들을 연기하고 있는 것은 하느님 한분입니다. 하느님 외의 다른 존재란 없습니다.

하느님은 나의 숨결이기 때문에 하느님이 내가 되지 않았다면 난 숨조차 쉴 수 없습니다. 하지만 하느님은 나를 나의 소망에 한정시킨다든지, 삶에 나타난 겉모습에 국한시키지 않습니다. 하느님은 모든 역할들을 다 연기합니다. 나의 의지가 선한 때뿐 아니라, 악한 의지를 내었을 때도 하느님은 상관하지 않고 신속하게 응답해줍니다. 그래서 하느님은 자신을 내 세상의 모든 것들 안에 놓았습니다.

  하느님은 당신 안의, 내 안의, 세상 모든 존재 안의 상상력입니다. 당신이 상상을 했나요? 그 상상하는 주체가 하느님입니다. 하느님은 우리의 상상이라는 명령을 기다리고 있고, 우리는 이런 저런 상상을 합니다. 자, 제가 드린 말씀을 이해했다면 결말로 가십시오. 당신의 세상에서 고귀하고 성공적인 결말을 만드십시오. 마음의 눈 안에서 명확하게 보았다면 그 느낌으로 자신을 흠뻑 적시십시오.

  어쩌면 내일은 실망스러운 일이 일어날지도 모릅니다. 아니면 내일 그것이 현실로 다가올 수도 있습니다. 어쨌든 그것이 현실이 될 때는 갑작스럽고 예기치 않게 올 것입니다. 언제 이루어질지는 관심두지 말고 결말에 대해 믿음을 유지하십시오. 이 믿음을 부정하는 듯 보이는 일이 일어날지라도 실제로는 당신이 원하는 결말을 향해 차곡차곡 쌓여가고 있는 중입니다.

  제가 드리는 이야기는 제 경험을 토대로 말하고 있는 것입니다. 세상에는 하느님 밖에 없습니다. 이 외에는 어떤 것도 없습니다. 세상의 가장 끔직한 배역도, 그리고 세상의 가장 고귀한 배역도 모두 하느님이 연기하는 것입니다. 그 누구도 하느님보다 위대하지 않기 때문에, 그 누구도 당신보다 위대하지 않습니다. 그 누구도 당신 위에 군림하게 하지 마십시오. 당신에게는 하느님과 이어지는 든든한 배경이 있습니다. 그 배경이란 것은 육체적인 혈통을 말하는 것이 아닙니다. 당신은 말이 아닙니다. 사육하는 돼지나 양이 아닙니다. 당신은 하느님이 펼쳐지고 있는 존재이고, 세상에는 오직 하느님만이 있을 뿐입니다.

예수를 만났다는 사람들을 보게 되는데, 그들은 예수의 모습을 자세하게 묘사합니다. 그러면 저는 "예수는 누구입니까?"라고 묻습니다. 그들은 "하느님의 아들이죠."라고 대답합니다. 저는 이렇게 대답합니다.

"그렇다면 당신은 하느님이 틀림없겠네요. 마태복음 11장을 보면 거기에서는 '그 누구도 아버지를 제외하고는 아들을 알아보지 못한다.'라고 적혀 있거든요. 당신이 하느님의 아들을 알아보았다면 당신은 분명 하느님 아버지입니다. 왜냐하면 아버지를 제외하고는 아들을 알아보지 못하기 때문이죠."

이제 다음의 말에 귀를 기울여보십시오.

"그 누구도 하느님을 본 적이 없었으나, 가장 소중한 독생자가 그를 알렸더라."

요한복음 1장 18절의 내용입니다. 가장 소중한 독생자가 아니고서는 그 누구도 하느님을 본 적이 없다고 한다면 만일 당신이 하느님을 보았다면 당신은 아들임이 분명합니다. 당신은 아들인 그리스도거나 주님인 예수입니다. 둘 중 하나입니다. 하지만 이 둘은 결국 같습니다. 하나는 다른 하나를 비춥니다. 아들은 빛을 낼 뿐 아니라, 하느님의 영광을 비추면서 그분 백성의 뚜렷한 모습을 지니고 있습니다. 당신이 하느님 아들의 얼굴을 본다면 그는 영원한 젊음의 모습일 것이고, 당신은 고대부터 계신 분(ancient of days, 하느님)이 되면서 둘은 하나가 됩니다. 아들은 당신의 영광을 비추고, 당신의 영광이란 다름 아닌 "I AM(나)"을 말합니다.

사람들은 세상에서 가장 위대한 책을 오해해서 받아들였습니다. "내가 과거의 것들을 선포했었더라..." 하지만 그것들은 그림자였습니다. 그것들 모두는 실체의 어렴풋한 그림자였습니다. 선포했던 자가 세상으로 들어와 자신이 선포했던 것을 실행하려 할 때 이번에는 그의 그림자 세상이 그를 거부합니다. 이것은 예상했었던 일이 아닙니다.

"하느님은 그 자신의 것으로 들어왔으나, 그의 것이 그를 거부하더라."

사람들은 이 세상에서 어떤 한 사람이 구세주로 올 것이라 기대했기 때문에 막상 내면의 하느님을 받아들일 수 없었습니다. 외부의 누구도 당신을 구원하지 않습니다. 하느님, 오직 하느님만이 당신을 구원할 것입니다. 다음 이사야 43장 11절의 구절을 잘 들어보십시오.

"나는(I AM) 주, 그대의 하느님, 이스라엘의 성스러운 자, 그대의 구세주이며, 나 외에 어떤 구세주도 없더라. 나는 그이다."

이것은 바깥세상의 어떤 존재가 당신에게 말을 하고 있는 것이 아닙니다. 당신 내부에서 당신 자신이 말을 하고 있는 것입니다. 당신의 경이로운 "I AM", 즉 주 하느님 여호와입니다. I AM은 당신의 구세주이며, 이것 외에 어떤 다른 구세주도 없습니다. 하느님은 당신에게 하느님 자신을 나타내며, 당신 내부에서 하느님 자신을 완벽하게 펼쳐냅니다. 그 후에 하느님은 하느님 자신을 당신으로 나타낼 수 있는 세상의 유일한 사람을 데려옵니다. 바로 하느님의 아들입니다. 만일 하느님의 아들이 당신의 아들이라면 당신과 하느님은 하나인 것입니다. 이것이 바로 성경의 이야기입니다.

궁극적인 마지막은 앞서 길을 걸었던 사람들 모두에게 의미를 줍니다. 내가 그 끝을 알 수만 있다면. 그 마지막은 이렇습니다. 하느님은 마치 세상에 나 외에 다른 사람은 없는 것처럼, 꼭 하느님과 나만 있는 것처럼, 둘이 아닌 하나인 것처럼 하느님 자신을 나에게 줍니다. 이것이 하느님의 목적입니다. 하느님은 죽음의 잠이 지나갈 때까지 하느님의 분광인 나에게 찰싹 달라붙어 있습니다. 그리고 나는 하느님 아버지로 깨어납니다. 이것이 유일한 하느님이고, 다른 하느님은 없습니다.

시저의 세상에서는 아름다운 꿈을 꾸십시오. 행복하게 결혼하고 싶습니까? 경제적으로 성공하기를 원합니까? 당신이 하고 있는 일에서 이름을 날리고 싶습니까? 이런 것 모두는 단지 꿈일 뿐입니다. 당신이 법칙을 안다면 이 세상 안에서 그 꿈들을 꿀 수 있습니다.

하지만 언젠가는 궁극적인 마지막에 대한 비전이 다가올 것입니다. 이 뚜렷한 환상은 어떤 경고도 없이 갑자기 나타날 것입니다. 저의 경우에는 사건들이 차례차례 일어났습니다. 그리고 제가 주인공으로 나오는 저 큰 사건이 일어나던 그날 밤에도 조금도 눈치채지 못했습니다.

성경에서는 "내가 행동(연기)했고, 그것이 이루어졌더라."라고 말합니다. 제가 이 역할을 연기하자 그것이 이루어졌습니다. 그 환상 속에서는 자신을 하느님이라고 말하는 외부의 인물이 등장하지 않았습니다. 저는 제 두개골 안에서 깨어났고, 깨어난 곳이 무덤이었다는 것을 발견했습니다. 일어났던 것도 저였습니다. 밖으로 빠져 나온 것도 저였습니다. 포대기에 싸여 있는 작은 아이를 본 것도 저였습니다. 제가 경험했던 사건을 목격하고 있는 세 명의 증인을 본 것도 저였습니다. 마치 폭풍우와 같은 바람소리를 들었던 것도 저였습니다.

다윗을 봤던 것도 저였습니다. 그리고 다윗은 저와 다윗이 아버지와 아들이라고, 관계를 밝혀줬습니다. 위에서부터 아래로까지 둘로 나뉘었던 것도 저의 몸이었고, 액상의 황금색 살아 있는 빛을 본 것도 저였습니다. 그리고 저는 그것과 하나가 되어 불뱀처럼 제 두개골로 올라갔습니다. 비둘기가 내려와 숨 막히도록 키스를 하였던 것도 저였습니다. 이 모든 것들이 1인칭에 단수로 경험되었습니다. "우리"가 아닌 "나"입니다. 유일무이한 것입니다. 이것이 바로 당신의 진정한 존재입니다.

저에게 일어났던 모든 것들은 당신에게도 일어나고 있는 중입니다. 당신은 결국 당신과 제가 하나라는 것을 알게 될 것입니다. 우리는 아버지입니다. 아버지는 복합적인 통일체, 즉 여럿으로 이루어진 하나입니다. 엘로힘이라는 단어가 진정 뜻하는 것이 이것입니다.

엘로힘이 성서에서 처음 나타난 것은 창세기 1절입니다.

"태초에 하느님이 하늘과 땅을 창조했더라."

여기서 하느님이라고 번역된 단어는 엘로힘(복수)입니다.

"하느님이 말하되, 우리의 형상을 따라 우리 모습 속에서 인간을 만들라고 하더라." 이것 역시 엘로힘입니다.

엘로힘은 복합적인 통일체, 여럿으로 이루어진 하나입니다. 우리는 조각난 파편 중 하나이고, 다시 하나로 되돌아가고 있습니다. 그런데 우리가 다시 불려갔을 때 우리는 아버지가 되고, 근원의 하나가 됩니다. 당신을 아버지라고 부르는 독생자를 제외하고는 당신이 하느님이란 것을 밝힐 수 있는 방법이 없습니다. 당신에게 성령이 왔을 때 기억이 되살아나 알게 됩니다.

아버지에 대해 원하는 것을 말하십시오. 아들에 대해 원하는 것을 말하십시오. 그 모든 것은 용서됩니다. 다만 마가복음에서는 성령(Holy Spirit)에 대해 저지른 죄는 용서되지 못한다고 합니다. 하지만 성령을 통해 당신 자신에 대한 기억이 돌아왔을 때 도저히 그 기억을 부인할 수는 없습니다. 따라서 성령에 대하여 죄를 지을 가능성은 없습니다.

이것이 성의 일탈에 대해 말한다는 식의 주장에 대해 들어봤을 겁니다. 말도 안 되는 이야기입니다. 그런 것과는 전혀 관계가 없습니다. 기억이 돌아왔을 때 완전한 기억상실로부터 깨어나게 되면서 그때부터는 당신의 존재를 부인할 수 없습니다.

성령은 누구입니까?

"나는 성령이라는 위안자를 보내니, 그는 진리의 영이더라. 그는 당신이 이제껏 나로부터 들었던 모든 것들을 기억하게 할 것이라."

세상이 생기기도 전부터 당신이 들었던 모든 것들은 다시 기억 속으로 돌아오면서 당신이 진정 누구인지를 알게 됩니다.

들으려고 하는 세상 사람들 모두에게 전, 당신은 하느님 아버지라고 말하고 있습니다. 갑자기 예고도 없이, 가장 유일무이하고 예상치 않은 방법으로 그 날은 다가올 것이고, 당신은 자신이 누구인지 알게 될 것입니다. 당신은 당신이 하느님 아버지라는 것을 알게 될 것입니다. 그러면 죽음이라고 불리는 작은 사건이 일어날 때 이 죽음의 몸뚱어리는 이번을 마지막으로 벗어던지게 됩니다. 그리고 당신과 나는 불멸의 세상 안에서 가장 친밀한 관계 속에서 하나가 될 것입니다. 물론 우리는 하나이면서도 동시에 개별적인 존재로서 각자의 개성을 유지하고 있기도 합니다. 이것은 당신이 그 상태가 될 때에만 오직 경험으로 알 수 있는 것입니다.

어떻게 두 개의 몸이 융합되어, 말 그대로 하나의 몸이 될 수 있습니까? 전 그것을 경험했습니다. 당신이 이 세상에서 가장 친밀한 사랑이라고 말할 수 있는 것도, 여전히 서로의 존재가 둘로 남습니다. 하지만 하느님의 "사랑(Love)"이 당신을 감싸 안을 때 당신은 하나가 됩니다.

"주와 하나로 결합된 자는 주와 하나의 혼이 되더라."

당신은 주와 하나의 몸이 되었습니다. 당신은 여전히 개별화된 존재이면서도 영원과 하나가 됩니다.

"주가 내게 나의 마지막을 보여주더라." 제 마지막을 알려주고 제 날이 얼마나 남았는지 말해주십시오, 라고 말하자 "날 또는 시간을 아는 것은 그대가 할 일이 아니고, 오직 아버지만이 아는 것이다."는 대답을 듣습니다. 훗날 그 날이 다가올 때 그 시간은 지체되지 않을 것이고, 갑자기 예상치 않게 일어날 것입니다. 이 사건을 겪고 나면 온 세상이 변할 것입니다. 이 일이 일어나기 전에 당신이 무엇을 믿었든 관계없이, 모든 것은 당신 마음 안에서 재구성되어버렸고, 당신은 이제 당신이 아버지임을 알면서 아버지의 일을 하게 됩니다.

당신이 해야 하는 일은 무엇입니까? 여인의 몸에서 태어난 모든 아이들 안에는 아버지가 묻혀 있기 때문에, 잠들어 있는 모든 이를 깨우는 일을 하려고 할 것입니다.

법정에서 아주 끔찍한 죄를 지은 사람을 본 적이 있습니까? 그런 그도 여전히 아버지입니다. 매우 성스러운 사람에 대해 들어봤습니까? 그도 아버지입니다. 심지어 법정에 서 있는 그 사람보다 더 대단한 것이 아닌, 같은 아버지입니다. 모두가 하느님입니다. 하느님이 모든 역할을 다 연기하고 있는 중입니다. 마지막 순간에 그가 당신에게 다가왔을 때 지금까지 자신에게 일어났던 모든 일의 이유를 이해하게 될 것입니다. 한 시인이 노래했듯, "인내하라, 우리의 극작가는 마지막 장에서 이 제멋대로의 극이 뜻하는 것이 무엇인지 보여줄 것"입니다.

당신이 이 세상에서 누군가를 만난다면, 그가 어떤 피부색을 가지고 있는지, 어떤 배경을 지니고 있는지 관계없이 당신은 하느님이 자신의 얼굴을 가리고 있는 가면을 보고 있는 것입니다. 하느님은 그곳에 묻혀 있고, 그곳에서 꿈을 꾸고 있습니다.

만일 당신이 이 진리를 알고 이 진리를 믿고 있다면, 그들에게 어떻게 이 세상에서 꿈을 이룰 수 있는지 말해줄 수 있습니다. 당신은 어떻게 그 꿈들을 이룹니까? 우선, 꿈을 가지십시오. 여기서 꿈이라 하면 낮에 꾸는 꿈을 말합니다. 눈부시게 아름답고, 경이로운 꿈을 꾸십시오. 그런 후에 "만일 내가 소망하고 있는 모습이 지금 내 모습이라면 나는 어떤 느낌일까? 어떤 모습일까?" 자신에게 물으십시오. 그리고 소망이 성취된 느낌을 잡아서 그것에 흠뻑 적셔지십시오. 그리고는 최선을 다해 상상에 믿음을 지니고 걸으십시오. 그러면 제 경험상, 누구도 알지 못하는 방법으로 그 일은 다가올 것입니다. 아주 갑작스럽게 찾아올 것입니다.

그 일이 일어났을 때 당신은 다른 사람들이 하는 것처럼, 어쨌든 일어날 일이 일어났을 뿐이라고 말할지도 모릅니다. 굉장히 자연스럽게 일어나기 때문에, 어쨌든 일어날 일이 일어난 것이라는 생각이 들면서, 법칙을 경시한 후에 완전히 잊을 수도 있습니다. 그리고는 소망이 세상 속에서 물질화된 것과 사랑에 빠집니다. 원리를 숭배하기보다는 원리가 만들어낸 대상을 숭배하고 맙니다.

  저는 차라리 세상에 나타난 것들 모두를 치워버리는 대신에 원리만 남겨지길 바랍니다. 그러면 저는 다시 그 모든 것을 생겨나게 하겠습니다. 원리를 빼앗아가고, 물건들만을 남겨놓는 것을 원하지 않습니다. 제가 가진 모든 것들, 생겨난 모든 것이 다 사라진다 하여도, 이것들을 이 세상 안에 어떻게 가져왔는지에 대한 의식만 남겨져 있다면 저는 그 모든 것을 다시 불러 일으켜 세울 수 있을 것입니다.

숙련된 조각가는
아무런 모양도 없는 대리석 덩어리를 볼 때
그 안에 묻혀있는 완성품을 본다
그는 작품을 만들어가는 것이 아니라
단지 자신의 생각을 감추고 있는 대리석들을 제거해
완성된 작품의 모습을 바깥세상에 내놓을 뿐이다.
이와 같은 원리가 그대의 삶에도 적용된다
그대라는 무형의 의식안에는
앞으로 그대가
자신의 모습으로 품을 것들 모두가 묻혀 있다.

이 진리를 이해한 그대는
원하는 모습을 만들려고 애쓰는
"미숙한 노동자"가 아닌
이미 원하는 모습이 되어있는 것을 인식하는
"위대한 예술가"가 될 것이다

[믿음으로 걸어라] 중에서

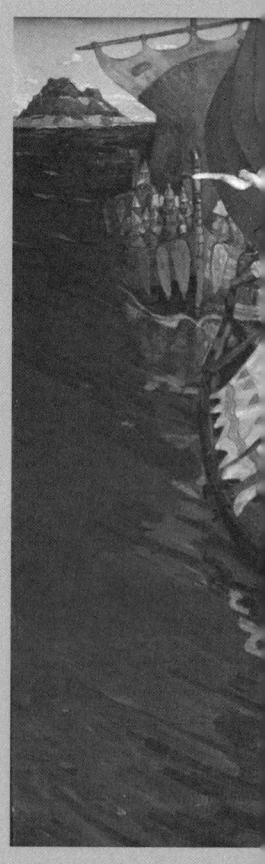

TRUST IMAGINATION
믿음이 있는 상상력

그대가 바라보는 모든 것,
그것들은 비록 외부의 것처럼 보일지라도,
실은 그대의 안에,
그대의 경이로운 상상력 안에 존재한다.
그것이 만들어내는 이 유한한 세상은 그림자에 지나지 않다
　—블레이크

저는 마지막 순간까지 영원히, 당신의 경이로운 상상력이 하느님이라고 말할 것입니다. 당신은 이 이야기를 듣고도 삶에 적용하지 않을지도 모릅니다. 우리가 이제껏 교육받았던 것과는 상충되기 때문에 삶에 적용할 엄두를 내지 못합니다. 이 법칙은 스스로 작동하는 것이 아니고, 우리가 이 법칙을 움직이게 하는 원동

력이기 때문에 우리가 삶에 적용해야만 합니다.

시편 118장에는 이렇게 말합니다.

"건설자가 버렸던 돌이 주춧돌이 되었더라. 이것이 주가 행하는 일이요, 보기에 놀랍더라."

전 오래 전에 눈을 감은 채로, 특정한 것을 생각하지는 않고 고요하게 명상에 들었습니다. 갑자기 거대한 석영 하나가 눈앞에 나타났습니다. 그러다가 깨지더니, 산산조각이 났습니다. 그것을 보고 있자, 다시 스스로 모이기 시작하였는데, 이번에는 가부좌를 하고 앉아 있는 인간의 형태로 재배열되었습니다. 계속 보고 있자, 보고 있는 그것이 저였다는 것을 알았습니다. 그리고는 점차 빛이 나기 시작하더니 태양만큼 강렬하게 되었을 때 폭발했고, 전 의자에서 깼습니다.

제가 버렸던 돌은 바로 저였습니다. 전 제 자신이 삶에서 일어나는 현상들의 원인이라는 것을 믿을 수 없었습니다. 항상 '저 남자가' 이것을 했고, '저 여자가' 저것을 했고, '저 사람들이' 그것들을 했고, '저 세상이' 이러이러한 것을 했다고 생각하면서 세상의 책임을 짊어지려고 하지 않았습니다. 삶에서 일어난 것 모두가 다른 사람들 때문에 일어난 것이라고 생각했습니다. 하지만 저는 건설자가 버렸던 돌을 봤습니다.

"이것이 주가 행하는 일이요, 보기에 놀랍더라."

우리가 이 세상을 배후에 상상이라는 실체가 있는 것으로 바라본다면 진리를 발견하게 됩니다. 만물은 인간의 상상력 안에 존재합니다. 그리고 제가 여기서 상상력이라고 하는 것은, 우리들 모두가 갖고 있는 바로 그 상상력을 말합니다. 당신의 가슴 안에는 당신 고유의 하늘과 땅이 있습니다. 당신이 바라보고 있는 이 모든 것은 비록 외부세상의 것처럼 보일지라도 실은 당신 안에, 당신의 상상력 안에 존재하고, 이 유한한 세상의 토대는 당신의 상상력입니다.

상상력은 나무입니다. 그리스도교는 상상력의 완성입니다. 그것은 과실이지만, 그 나무는 유대교이고 그것이 포함하고 있는 모든 것은 결국에는 하나의 계획안에서, 즉 태초부터 있었던 경이로운 계획안에서 펼쳐져 나올 것입니다. 우리는 그것을 그리스도교라고 부릅니다.

블레이크는 말했습니다.

"나는 상상력의 신성한 기법을 사용해서 몸과 마음을 자유롭게 하는 것 외에는 어떤 그리스도교도, 어떤 복음서도 알지 못한다." 그러면서 이렇게 덧붙입니다. "열두 제자들은 이것 외의 어떤 복음서도 알지 못했으며, 하느님에 대한 숭배는 자신의 선물을 사용하는 것이다." 그리고는 "우리를 하느님으로 만들기 위해서 하느님은 우리가 되었다."고 말합니다.

여기서 선물이란 무엇입니까? 블레이크는 이것에 대해서도 말했습니다.

"인간은 상상력이다. 그리고 하느님은 인간이고, 우리 안에 존재하며 우리는 하느님 안에 존재한다. 인간의 불멸의 몸은 상상력이고 이것이 예수이자 신성한 몸이자 하느님 그분이다."

지금 이 자리에 앉아 있는 여러분, 이 이야기는 바로 여러분에 관한 이야기입니다. 당신의 경이로운 상상력은 이 우주의 하느님입니다. 그것은 주 예수로 말해지고 있는 자입니다. 제 말이 사실입니까? 여러분에게는 진실여부를 시험하고 직접 확인할 의무가 있습니다.

한 신사분이 저에게 편지를 썼는데, 여러분과 함께 이야기해보고자 합니다. 신사분은 이렇게 적었습니다.

전 심리학자입니다. 전 제 환자들과 완전하고 행복한 것을 상상할 수 있었던 시간에, 그들의 문제를 두고 이야기를 나누면서 시간을 헛되이 낭비하게 했습니다. 이제는 이 이야기를 당신에게 들려주고 싶습니다.
제 환자인 한 여성분은 자신이 여러 면에서 비정상이라고 말했습니다. 그녀는 남편과 함께 4살짜리 여자 아이를 입양했는데, 아직까지 말을 하지 못한다고 했습니다. 그러던 어느 날 그녀는 제게 이렇게 말했습니다.

"저는 더 이상 저를 비정상으로 느끼지 않습니다. 이젠 저는 속으로, 나는 더 이상 비정상이 아니다, 라고 외칩니다."

그래서 저는 그녀에게 이런 식으로 접근하는 것은 올바른 방식이 아니라는 것을 설명하면서, 제게 일어났던 일을 말해주었습니다.

"저는 사고 싶었던 집이 있어서, 그 집에 사는 것을 상상하기 시작했습니다. 그때 제 마음속에는 의심이 싹트고 있었는데 그것은 더 많은 돈을 가진 남자를 현실로 불러냈고, 결국은 그가 집을 사게 했습니다. 저의 의심은 이런 식으로 저를 배신했습니다. 저는 이 경험을 통해서, 제 세상에 나타난 사람들 모두는 제 내면에 있는 하나의 분위기를 나타내고 있을 뿐이라는 것을 이해했습니다."

이 이야기를 해주고 난 후, 그녀의 문장을 이렇게 다시 손질해 줬습니다. "당신은 '나는 완전히 정상적이다.'라고 말하기 시작해야만 합니다."

그러자 그녀는 자신을 완전히 정상적이라고 느끼지 못한다고 말했습니다. 저는 다시 "당신이 그렇게 느끼는지, 아닌지는 문제가 되지 않습니다. 단지 당신 안에서 '나는 완전히 정상적이다.'라는 말을 반복하면서 당신이 그렇다고 자신을 설득하기 시작해야만 합니다."라고 대답했습니다. 그녀는 그렇겠다고 약속했습니다.

이것을 하기 시작한 날, 그녀의 딸아이는 혼수상태에 빠지고 말았습니다. 아이를 병원으로 부리나케 옮겼고, 아이는 채 하루가 지나기 전에 정신을 차리고 밝은 모습으로 깨어났습니다. 아이는 그저 엄마의 신기한 마음속 주장을 증명해줄 뿐이었습니다. 엄마가 자신 내부에서 이루어지는 말의 패턴을 바꾸자 아이는 정신을 차릴 뿐 아니라 완전히 건강한 모습으로 이 세상에 돌아오게 되었습니다.

이 광활한 세상은 당신이라는 존재가 밖으로 펼쳐져 나온 것일 뿐입니다. "그대가 바라보는 모든 것, 그것들은 비록 외부의 것처럼 보일지라도, 실은 그대의 안에, 그대의 경이로운 상상력 안에 존재한다. 그것이 만들어내는 이 유한한 세상은 그림자에 지나지 않는다."

저는 예언자가 말했던 나사렛의 예수를 발견했기 때문에, 제가 지금 말하고 있는 진리를 확실히 압니다. 세상 사람들은 그가 2천 년 전에 살았고, 십자가에 매달렸다고 가르칩니다. 하지만 저는 그가 인간 안에서 십자가에 매달렸다고, 그리고 그가 바로 인간의 경이로운 상상력이라고 말합니다. 이것이 예수이고, 이것 외의 다른 예수란 없습니다.

　예수는 인간 안에 묻혔고, 인간 안에서 이 삶이란 꿈을 꾸고 있는, 꿈꾸는 자입니다. 그리고 이 세상 안에서 모든 것을 할 수 있는 자입니다. 다음 신명기 32장 39절의 이야기를 잘 들어보기 바랍니다. 주는 이렇게 말합니다.

　"나는 죽이기도 하며, 나는 살리기도 하더라. 그리고 나는 상처를 주기도, 나는 치유하기도 하더라. 내 손 안에서 무엇 하나 가져갈 수 있는 자는 없더라."

　세상에는 오직 하나의 창조권능이 있습니다. 죽음을 주는 자가, 또한 생명을 살리는 자이기도 합니다. 상처를 입히는 자가 또한 치유하는 자입니다. 당신의 경이로운 상상력이라는 하나의 권능 외에는 어떤 다른 권능도 없습니다. 이것이 하느님입니다. 이것 외의 다른 하느님은 없습니다.

　하느님은 당신 안에 묻혀 있고, 하느님이 깨어나게 될 날이 당신에게도 올 것입니다. 당신이 시선을 이 현실처럼 보이는 세상에서, 상상의 활동이 진실한 실체라는 믿음을 갖고 있는 상상의 세계로 돌린다면 당신은 부활의 길목에 거의 다다른 것입니다. 당신이 홀로 조용히 앉아서, 누구에게도 도움을 청하지 않고, 당신이 펼치는 상상이 곧 바깥세상에 출현하게 될 창조의 실체란 것을 진심으로 믿는다면, 당신은 부활의 길목에 있는 것입니다.

"그대는 다시 태어나지 않는다면 하늘나라의 왕국에 들어갈 수 없더라."고 말해집니다. 하느님의 왕국은 당신 안에 있고, 하느님은 그분의 왕국 안에 있습니다. 하느님이 그분의 왕국 안에 있고 왕국이 당신 안에 있다하더라도, 당신이 이 물질 세상으로부터 등을 돌리고 당신의 경이로운 상상력(그것이 원인이자, 실체라고 믿으면서) 안에서 살지 않는다면 그곳에 들어갈 수 없습니다.

만일 당신이 원하는 존재가 되었다는 것이 사실이라면 어떤 느낌일까요? 친구들도 자신들이 원하는 모습이 되었다면, 그리고 자신들이 원하는 것을 가졌다면 어떤 느낌일까요? 그 일이 어떻게 일어날 것인지 묻지 마십시오. 당신 존재의 깊은 곳은 당신의 표면의식이 모르는, 길과 방법을 알고 있기에, 그 일은 일어날 것입니다.

저는 제 안에서 어떤 느낌이 떠오르는 것을 통해 어떤 사람을 만날 것이라고 말할 수 있고, 그렇게 됩니다. 처칠은 이런 말을 했습니다.

"운이 사람의 분위기를 결정하는 것이 아니라, 현재의 분위기가 그 사람에게 어떤 운이 일어날지를 결정한다."

당신의 소망이 이루어진 것을 느끼십시오. 만일 당신의 소망이 이루어졌다면 어떤 느낌이겠습니까? 당신 주변의 모든 것이 당신의 주장을 부정하고 있을지라도, 마치 그것이 사실인 것처럼 믿음으로 걸으십시오. 그러면 당신이 알지 못하는 방법으로 그것은 스스로 당신의 세상 안에 모습을 나타낼 것이고, 당신은 그것을 받게 될 것입니다.

마태복음 19장에서 이런 문장을 읽었을 것입니다.

"하느님에게는 모든 것이 가능하더라."

또 마가복음 9장에는 이런 문장도 있습니다.

"믿는 자에게 모든 것이 가능하더라."

하느님과 '믿음이 있는 자'는 같은 말입니다. 내 안의 믿는 자는 나의 경이로운 상상력입니다. 이것은 인간 안의 꿈꾸는 자입니다. 저는 밤에 침대로 가서 꿈을 꿉니다. 꿈을 꾸고 있는 나와 깨어난 나는 하나이고, 같은 존재입니다.

저의 형 빅터는 큰 부를 쌓았습니다. 형은 배 냄새를 좋아합니다. 자신의 가게에 들어설 때 풍기는 냄새 모두를 좋아합니다. 가게의 모든 것에서 나는 냄새는 형의 마음에 미묘한 영향을 줍니다. 형은 이 냄새를 너무 좋아해서, 자연스럽게 자신이 성공했다는 느낌을 받습니다. 제 형 빅터처럼, 당신을 흥분시키고 여러분이 이미 원하는 존재가 되었다고 느끼게 하는 것과 사랑에 빠지십시오. 이렇게 한다면 제 경험상, 당신은 그것을 갖게 될 것입니다.

사람들이 예수(상상력의 의인화)에게 다가와 말했습니다.

"당신께서는 먹지 않으십니다."

그러자 "나는 그대가 알지 못하는 음식이 있더라."고 대답합니다.

당신은 무엇을 먹고 있습니까? 당신의 상상력에 아침, 점심, 저녁 무엇을 제공하고 있습니까? 당신은 아침 신문을 읽고 반응합니다. 그런데 이야기 속의 누구도 알지 못합니다. 어느 정도 편향된 보고에 기초한 기사들을 끝까지 다 읽기도 전에 당신은 반응합니다. 당신의 상상력이 주(Lord)이기 때문에 이 반응은 하느님의 양식이 됩니다. 당신의 상상력이 하느님이고, 이것 외의 하느님이란 없습니다. 제가 말하는 하느님은 성서에 나오는 예수이자, 구약성서의 여호와입니다. 그분이 당신 안에 묵고 있기에 당신은 불멸의 존재입니다. 얼마 안 가 이 육신의 옷을 벗어던져야 하는 순간이 올 수도 있고, 머리가 잘릴 수도 있고, 육신이 불에 타 먼지가 될 수도 있습니다. 그렇다 해도 당신의 불멸의 몸은 조금의 해도 입지 않습니다. 하느님은 당신을 하느님으로 만들기 위해서 당신이 되었기 때문에 당신의 존재는 결코 멈출 수 없습니다.

어렸을 때 저희 집에는 오리, 닭과 같은 농장에서 볼 수 있는 여러 종류의 가축들을 기르고 있었습니다. 저희 집은 대가족이었습니다. 열 명의 아이가 있었고(남자 아홉, 여자 하나) 아버지, 어머니, 할머니까지 한 집에 살고 있었습니다.

어머니는 이렇게 말하곤 했습니다. "오리 두세 마리를 따로 떼어 놓아요." 이 말은 몇 주안에 저녁식사로 오리 요리가 나온다는 뜻입니다. 어머니가 이렇게 말하면 따로 떼어놓은 오리들의 식단을 바꿔주게 됩니다. 제가 어렸을 때 물고기가 아주 많았기에 값도 저렴했습니다. 온갖 종류의 물고기들을 들여올 수 있었지만 집에는 냉장고가 없었기 때문에 다음날 바로 미끼나 오리 사료로 사용해야 했습니다.

물고기 사료로 오리들을 키우면, 오리들은 살이 찌고 건강했지만 그대로 바로 요리해먹기에는 너무 맛이 없었습니다. 그래서 따로 떼어놓고 곡물, 옥수수 등으로 배부르게 계속 먹여야 됩니다. 그렇게 10일 정도를 먹이고 나면 오리들 몸 전체가 변합니다. 그때 요리를 하면 우유로 키운 오리 맛이 납니다. 그런데 간혹 이런 과정을 잊었을 때에는 바로 요리를 해서 먹을 수 없을 정도로 물고기 맛이 납니다.

오리에게 했던 것처럼 여러분도 새로운 식단에 도전해보십시오. 그 변화는 하루가 걸릴지, 일주일이 걸릴지, 아니면 2주가 걸릴지 모릅니다. 하지만 만일 지속하기만 한다면 그렇게 바뀐 식단은 외부에 모습을 드러내면서 당신의 세상 전체를 바꿀 것입니다.

우리는 하느님과 내면의 대화를 하는 유일한 존재입니다. 이것은 매우 경이로운 선물인데 이 대화를 멈출 수 있는 방법은 없습니다. 아침, 점심, 저녁 계속해서 이 대화를 나누고 있습니다. 잠자리에 들면서도 내면에서는 이 대화가 계속되고 있습니다. 우리는 우리 자신과 이런 작은 정신적 대화를 계속하고 있습니다. 그런데 당신은 어떤 대화를 하고 있습니까? 계속 안 좋은 것과 언쟁을 하고 있습니까, 아니면 "나는 내가 원하는 그 모습이다."라고 단호하게 선언하고 있습니까?

기억하십시오, 당신의 세상에 있는 모든 이는 당신이란 존재가 외부로 투영된 것입니다. 세상은 당신이 예전에 했던 것들, 혹은 당신이 지금 하고 있는 것들을 비추고 있을 뿐입니다. 누구도 비난하지 마십시오. 심지어 자신도 비난하지 마십시오. 그저 당신의 식단을 바꾸십시오. 이 식단은 다른 것이 아닌 당신 내부의 말들입니다.

지금 당장, 당신이 원하던 모습이 되었다고 받아들이십시오. 사실인 것처럼 이 믿음 속에서 살고, 이 믿음으로 걸어 나가십시오. 식단이 바뀌는 데에 하루가 채 안 걸릴지, 누가 알겠습니까. 그 바뀐 식단으로 인해 외부가 바뀌는 데까지 수주 이상 안 걸릴 것은 확신합니다. 마음 식단이 바뀌면 이 믿음은 당신의 세상 안에 모습을 투사해냅니다.

당신은 주입니다. 그리고 주는 말씀의 만찬을 즐깁니다. 주는 말씀입니다. 지난 24시간 동안 자신에게 어떤 말들을 했습니까? "나는 부족하다. 나는 아프다. 나는 불행하다."라고 말하지 않았습니까? 바꾸십시오! "나는 부자다. 나는 건강하다. 나는 행복하다."로 완전히 바꿔서 말하십시오. 이성이 이것을 거부할지도 모르고, 감각이 이것을 거부할지도 모릅니다. 상관없습니다. 계속 이 주장을 고집하면서 이것이 사실인 것처럼 잠에 드십시오. 그러면 가정은 현실이 될 것입니다.

이 원리가 작동될 것이라는 것은 제 경험을 토대로 확신할 수 있습니다. 하지만 성서처럼 "나는 그대가 알지 못하는 길과 방법이 있더라. 나의 길은 그대가 찾지 못할 것"입니다. 당신이 하는 일은 단지 새로운 식단에 돌입하는 것뿐입니다.

블레이크는 이렇게 말했습니다. "오! 나는 전능한 인간의 말씀으로 무엇을 말했고, 무엇을 행했던가?" 우리 인간이 어떤 생각을 하고 있는지를 인식하기만 했더라면 어땠을까요?

무엇보다, 이 생각들을 누가 관심을 갖고, 누가 인식합니까? 누가 이 일을 합니까? 관심을 갖고 인식하고 있는 유일한 자, 그는 바로 당신의 경이로운 상상력입니다. 이것이 하느님입니다. 구약의 여호와이고, 신약의 예수입니다. 이것 외의 다른 하느님은 없습니다. 그분은 당신 안에 묻혀 있고, 당신 안에서 꿈을 꾸고 있습니다. 어느 날 당신은 당신의 참 모습으로 잠에서 깨어 날 것입니다.

당신의 상상력을 믿으면서 상상을 사실인 것처럼 상상력 안에서 살면서, 상상의 세계 안으로 들어가는 날, 당신은 문턱에 거의 다다른 것입니다. 하지만 그 날이 얼마나 남았는지, 그 시간이 얼마나 남았는지는 제가 말씀드릴 수는 없고, 오직 아버지만이 알고 있을 뿐입니다. 즉, 당신의 경이로운 상상력이라는 아버지만이 알고 있을 뿐입니다.

전 이것을 명확하게 보았습니다. 이것은 건설자가 버려두었던 돌입니다. 하지만 건설자가 거부했던 것이 이제 주춧돌이 되었습니다.

"이것이 주가 하시는 일이며, 보기에 놀랍더라."

전 삶에서 일어나는 일들의 원인이 저라는 것을 거부했고, 저 외의 사람들 모두가 이 일들을 일으켰다고 생각했습니다. 그러던 중 저 환상을 보았습니다. 조각이 난 석영이, 연꽃 자세로 앉아 있는 사람의 형체로 모였습니다. 제가 이것을 응시했더니, 앉아 있는 것은 저였습니다. 그때 저는 제가 원인이었다는 것을 깨달았습니다. 그는 제 안의 꿈꾸는 자입니다. 어느 날 그는 이 꿈에서 깨어날 것이고, 깨어날 때 저는 그가 되고, 그와 저는 근원의 하나가 됩니다.

저랑 친한 여성분이 뉴욕의 뮤직홀에서 의상 디자이너로 일 할 때의 이야기를 들려드리도록 하겠습니다. 그 여성분은, 자신이 하는 일마다 비판하고 내놓는 작업마다 퇴짜를 놓는 한 연출가 때문에 힘들다고 털어놨습니다. 게다가 그녀가 느끼기에는 그 연출가가 일부러 자신을 힘들게 하는 것 같다고 했습니다.
그 이야기를 듣자 전 그분에게 이렇게 물었습니다.

"다른 사람들은 우리가 속으로 속삭인 것만을
메아리로 돌려줄 수 있다는 사실을 아세요?"

그런데 여러분도 이 사실을 기억해줬으면 합니다. 제가 확신할 수 있는 단 한 가지는, 제 친구가 바깥세상에서 그랬는지는 모르겠지만 분명히 혼잣말을 통해 속으로 그 연출가와 논쟁을 벌였을 거라는 겁니다.
그래서 제가 이것을 친구에게 말하자, 그녀 역시도 매일 아침 출근하는 길에 제가 말한 것처럼 마음속 언쟁을 하면서 걸었다고 말해줬습니다. 그래서 전 친구에게 지금 그 남자에 대한 마음태도를 한번 바꿔보라고 제안했습니다. 연출가가 친구의 디자인 작업에 찬사를 보내주면 친구도 칭찬과 호의에 감사를 표하는 것을 상상해보는 것이었습니다.

이 젊은 디자이너는 제 충고를 받아들여 매일 아침 극장으로 출근하는 길에 연출가와 자신의 새로운 관계를 상상하며 걸었습니다. 그 상상 속에서 연출가가 친구의 작업을 칭찬하면 친구는 그 호의에 대해 감사를 표했습니다. 이것을 매일 아침 출근할 때마다 했더니 정말 짧은 시간 만에 자신의 마음태도가 주변의 모든 것들을 결정짓는다는 진리를 깨닫게 되었습니다. 연출가의 태도가 완전히 바뀐 겁니다.

심지어 그 연출가는 그녀가 이제껏 만났던 어떤 상사보다도 만족스러운 상사가 되었습니다. 그 남자의 행동은 단지, 친구가 내면에서 속삭였던 변화를 그대로 보여줬습니다. 그녀는 이 일을 어떻게 했습니까? 단지 상상력을 통한, 상상의 힘이었을 뿐입니다.

그녀의 상상이 그 남자의 행동을 이끌었습니다. 그리고 그녀는 겉보기에는 혼자 걷는 듯한 출근 시간 동안, 후에 그 남자와 겪게 될 대화를 스스로 말해줬던 겁니다.

바로 지금 이 순간부터 우리의 상상력을 조절하고 훈련시키는 연습을 해야겠습니다. 이 연습방법으로 친구를 마음속에서 불러내 우리가 알고 있는 그의 최고의 모습보다 더 좋은 모습을 상상하는 것만큼 좋은 일은 없습니다

[네빌고다드 라디오 강의] 중에서

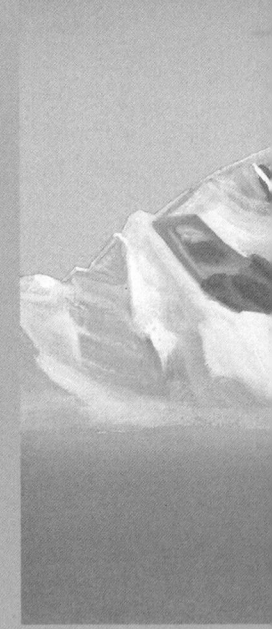

IMMORTAL MAN
불멸의 인간

심판을 내리는 자와, 심판을 받는 자는
둘 다 같은 존재가 다른역할을 하고 있는 것뿐입니다
그 존재는 세상이 하느님이라 부르는 존재인데
사람들은
하느님만이 세상의 유일한 배우라는 것을 알지 못합니다

인간은 오직 상상력일 뿐입니다. 그리고 하느님은 인간이면서 우리 안에 존재하고, 우리는 그분 안에 존재합니다. 인간의 불멸의 몸은 상상력이고, 이것이 바로 하느님입니다. 불멸의 당신과 당신이 차지하고 있는 상태들은 완전히 다릅니다. 왜냐하면 불멸의 당신은 하느님이기 때문입니다.

하느님은 세상의 모든 역할들을 연기하고 있습니다. 오직 하느님만이 활동을 하고 있으면서, 존재하는 모든 것 안에, 그리고 사람들 안에 있습니다. 세상에는 단 하나의 작가와 단 하나의 배우만이 있습니다. 그분이 바로 하느님입니다. 그리고 제가 지금 말하고 있는 하느님이란 당신의 경이로운 상상력입니다. 이것이 세상 만물을 활동하게 하는 근원의 힘입니다.

제가 하느님이라고 말하면 당신은 외부에 있는 누군가를 생각할지도 모릅니다. 하지만 제가 당신의 상상력이라고 말한다면 분명 당신 자신을 생각할 것입니다. 이것이 제가 말하는 하느님입니다. 그리고 이것은 세상의 모든 역할들을 다 연기하고 있는데, 그 중 가장 낮은 부분은 언어들의 혼란(참고 고린도전서 12장 28절, 창세기 11장 1절-9절)입니다.

우리는 언어학자가 아닌데도 2억 명의 우리는 동일한 언어를 사용합니다. 그런데 선입견과 고정관념으로 인해 같은 언어를 사용하면서도 서로를 이해시키는 것이 어렵습니다. 우리가 말을 할 때면 비록 같은 언어를 사용한다 해도, 이런 선입견과 고정관념의 장벽을 거쳐야만 합니다.

느헤미야 8장의 문구를 인용해보겠습니다.

"그들은 그 책을, 하느님의 율법을 해석한 것을 읽었고, 사람들은 그렇게 읽은 것을 이해했더라."

바울은 고린도전서 14장에서 "나는 다른 이들을 가르치기 위해 입으로 내는 만 단어의 말보다, 마음으로 내는 다섯 단어의 말을 한다."고 했습니다. 다섯 마디의 말로 다른 사람들을 가르치는 것, 이것은 제가 가르치기 시작한 1938년부터 늘 바라던 것이기도 하였습니다. 그래서 어떤 오해의 여지도 없게 명확하게 만드는 것, 그것이 저의 바람입니다.

저는 오늘도 이 일을 해보겠습니다. 영혼의 영적인 상태들(the spiritual states)은 불멸합니다. 이것을 바꿀 수는 없습니다. 여러분은 여행자처럼 영적인 상태들을 반드시 거쳐서 지나가야만 합니다. 가장 낮은 상태인, 성서에서 바벨이라고 불렸던 언어들의 혼란 상태부터 시작합니다. 우리는 서로 이해를 하지 못해서 매우 낯선 오해를 놓고 싸움을 합니다. 두 번째는 관리자, 조직자입니다. 우리는 개인적인 이득을 위해서 이 혼란한 상태들을 정돈시킵니다. 이런 식으로 바울은 8가지 영적인 상태들을 이야기했고, 마지막 것을 사도로 정의했습니다.

가장 낮은 부분에서 역할을 했던 자는 이제 사도로 부름을 받아 참된 이야기를 말하라고 이 땅에 보내지는데, 이렇게 가장 낮은 역할을 했던 자와 사도로 부름을 받은 자, 이 둘은 다른 존재가 아닌 같은 존재입니다. 사도라 불리는 상태와 그 역할을 연기한 존재를 동일하게 여기지는 마십시오. 그 존재가 어떤 상태에 있는 동안에는 그 상태의 역할을 연기하게 됩니다. 하지만 그 존재가 그 상태는 아닙니다. 그 존재는 모든 사람들 안에 있는 불멸의 자아(IMMORTAL MAN)입니다.

심판을 내리는 자와, 심판을 받는 자는 둘 다 같은 존재가 다른 역할을 하고 있는 것뿐입니다. 그 존재는 세상이 하느님이라 부르는 존재인데, 사람들은 하느님만이 세상의 유일한 배우라는 것을 알지 못합니다. 하느님만이 활동을 하고 있을 뿐이며 존재하는 모든 것들 안에, 모든 인간들 안에 있습니다.

창조하는 방법을 배우고 있는, 당신들과 저는 하나의 상태를 창조해서 곤란한 상태에 있는 사람들을 계속해서 구원할 수 있습니다. 그리고 우리는 우리가 만든 이 상태를 다시 무효로 만들 수도 있습니다. 우리가 만든 상태들은 영구적인 상태들이 아니기 때문에 이렇게 다시 무효로 만드는 것이 가능합니다. 우리는 하나의 상태를 만들어서, 친구를 현재의 상태로부터 그 상태 속으로 데려놓을 수 있습니다.

당신이 원하는 것을 제게 말해보세요. 이제 그 상태를 만들어서 당신을 그곳으로 데려가는 것은 제게 달린 일입니다. 당신이 있었으면 하는 곳에 당신이 지금 있다면 어떤 느낌일까요? 저는 당신이 이미 그렇게 되었다고 제 자신을 설득해 봅니다. 제가 설득된 만큼 당신을 그 상태에 놓은 것이고, 당신은 제 믿음 안에 있는 것들을 외부로 드러낼 것입니다. 그런데 이렇게 제가 만들었던 것은, 제가 다시 무효로 만들 수 있습니다.

하지만 영원의 상태들(the eternal states)은 없애거나 바꿀 수 없습니다. 이 영원의 상태들은 모두 인간의 상상력 안에 놓여 있습니다. 이것은 구원에서 끝나며, 구원이 일어나기 전에는 사도의 신분을 거쳐야만 합니다. 당신이 부름을 받을 때 사도의 상태에 들어가게 됩니다. "사도"의 뜻은 "보내진 자"입니다. 저는 부름을 받았습니다.

1929년에 부름을 받았던 저녁, 저는 사도의 상태에 도달했다는 인식은 없는 채, 무한한 사랑(Infinite Love)의 존재가 있는 곳으로 가게 되었습니다. 무한한 사랑, 그것은 인간이었습니다. 무한한 사랑의 존재가 가장 위대한 것이 무엇이냐고 물었고, 저는 사랑이라고 정답을 말합니다. 그러자 그는 저를 감쌌고, 우리는 융화되어 하나의 몸, 하나의 혼이 되었습니다.

"주와 하나로 합해진 자는 그분과 하나의 혼이 되더라."

그 순간 그저 부름을 받고 하느님의 몸과 하나가 되는 것만으로 끝나는 것이 아니라, 사명을 부여받아 세상에 보내졌습니다. 저는 이 사명이 제 안에서 펼쳐질 때까지는 그것이 무엇인지 몰랐습니다. 30년이라는 시간이 걸렸습니다. 30년이 지난 후에 이것은 제 안에서 폭발했고, 예수의 전체 이야기가 저를 주인공으로 삼아 펼쳐졌습니다. 그 후에 저는 예수라고 불리는 자가 진정 누구인지를 알게 됐습니다. 그는 인간 안에 하느님이 완전히 발현된 자였습니다.

우리 인간이 이 여정을 완전히 끝내서 성경의 이야기가 다 펼쳐졌을 때 우리는 우리가 여정을 진행하는 동안 계속해서 찾아 헤매던 이가 바로 자신이라는 것을 알게 됩니다. 이 일은 마지막 순간에 이루어집니다. 그러니 자신이 사도라고 떠벌리거나 큰 소리로 말하지 마십시오. 사도는 영원의 상태이지만 그저 하나의 상태일 뿐입니다. 하느님은 모든 상태들과는 비교할 수 없을 만큼 더 위대합니다. 이 영원의 상태들은 인간 안에서, 인간의 상상력 안에서 영원히 존재하지만 이것들을 창조한 것은 하느님입니다.

당신이 이 사도의 상태에 도달하면 여정의 막바지에 다다른 것입니다. 이 상태 후에 당신은 깨어나게 되고, 자신이 누구인지를 알게 됩니다. 이 경험들은 당신이 하느님이라는 확신을 갖게 만듭니다. 당신이 아이였을 때 학교에서 읽었던 성서의 내용을 다시 읽어본다면 완전히 다른 내용으로 이해될 것입니다. 이 책의 내용 전부가 당신에 대한 이야기라는 것을 알게 됩니다. 이것은 다른 누구의 이야기도 아닌 오직 하느님에 대한 이야기, 즉 당신에 대한 이야기일 뿐입니다. 그래서 당신은 당신 자신 안에서 하느님을 발견하게 되고, 당신은 하느님이 됩니다.

제가 여기서 말하는 하느님이란 당신의 경이로운 상상력을 말합니다.

오늘밤 저는 창조가 얼마나 간단한 것인지 보여주고 싶습니다. 창조는 순전히 움직임(motion)에 기초를 두고 있습니다. 성서에서 첫 번째로 기록된 창조의 행위도 움직임입니다.

"그리고 주의 혼이 움직였더라.."

하느님이 움직였습니다. 기억하십시오. 주의 혼은 인간 안에 있습니다.

"그대가 살아 있는 하느님의 사원이라는 것을, 하느님의 혼이 그대 안에 거하고 있다는 것을 알지 못하는가?"

하느님은 나의 경이로운 상상력으로, 내 안에 거하고 있습니다.

자, 다시 돌아가서 하느님이 태초에 어떻게 창조했는지를 보겠습니다. 움직임을 통해 창조했습니다. 나는 하나의 상태에서 다른 상태로 움직입니다. 만일 그렇게 옮겨간 상태가 내가 바라던 상태였다면 안도의 느낌을 받습니다. 만약 오늘 밤 내가 재정적으로 곤란함을 겪고 있다가 큰 재산이 생겼다면 어떤 느낌을 받게 될까요? 이 세상에서 인간이 이제껏 경험할 수 있는 즐거운 느낌 중에서 안도의 감정은 가장 두드러진 것입니다.

딸아이의 귀가가 늦고 있습니다. 10시까지 오라고 했는데, 10시를 넘어, 11시, 12시가 되도록 집에 들어오지 않고 있습니다. 당신은 제정신을 유지하고 있다고 생각합니다.

그런데 1시가 되어가는데 아직까지 아이가 귀가하지 않자, 마음속에서는 수많은 불안한 일들이 떠오릅니다. 그러다가 문소리가 들리고, 딸아이가 나타납니다. 이때 어떤 느낌입니까? 안도의 느낌입니다.

이건 일종의 구원된 느낌입니다! 세상의 모든 기쁜 감정 중에서 안도는 가장 두드러진 느낌입니다. 이것은 창조의 활동에 나타납니다. 안도감. 이것을 다른 이름으로 불러도 관계없습니다. 하지만 폭발하는 감정의 순간에 일어나는 것은 안도감입니다.

안도의 느낌은 내가 하나의 상태 안으로 움직여 들어갈 때도 똑같이 일어납니다. 이 상상이 사실이었다면 그 느낌은 어떨까? 이렇게 자신에게 질문한 후에 나는 이것이 마치 사실인 것처럼 나 자신을 그 상태에서 활동시킵니다. 만일 내가 그 상태 안에 정말 있다면 나는 안도의 느낌을 억누를 수 없을 것입니다. 이것을 느낀 후에 이제 나는 무엇을 할까요? 아무것도! 그저 이 상태 안에 있으면 됩니다. 이것은 그것 고유의 정해진 시간이 있습니다. 그 시간 동안 어쨌든 무르익을 것이고, 결국 꽃피어날 것입니다. 걱정하지 마십시오. 당신은 이 상태 안에 있습니다. 이 상태는 그것이 지니고 있는 경이롭고 자연스러운 방식으로 스스로를 펼쳐낼 것입니다. 누구도 알지 못하는 길과 방법을 지니고 있습니다. 우리의 머리로 헤아릴 수 없습니다.

나는 나를 하나의 상태로 옮겨 놓습니다. 내가 떠나고 싶은 상태에 더이상 머물지 않습니다. 나는 움직입니다. 나는 하나의 상태에서 다른 상태로 옮겨갑니다.

이런 상태들은 내가 창조할 수 있습니다. 하지만 나는 영원의 상태들 속으로는 의식적으로 옮겨가지 못합니다. 영원의 상태들은 이 세상에서 나의 경험의 여정에 의해 자동적으로 결정됩니다. 그 누구도 마법처럼 영원의 상태들을 불러낼 수는 없습니다. 자신이 그렇게 하고 있다고 생각하는 사람이 있다면 착각에 빠진 것뿐입니다. 영원의 상태들은 하느님인 우리 인간이 이 영원의 상태들을 거쳐 지나감에 따라 자동적으로 일어납니다. 고린도전서 12장에는 8가지의 구분된 상태들이 뚜렷이 적혀 있는데, 우리들은 이 상태들을 바꾸지 못합니다.

저는 이 중에 사도라 불리는 상태에 들어섰었습니다. 부름을 받아, 생명의 하느님과 한 몸이 되었습니다. 그분은 생명의 하느님이었고, 죽음의 하느님이 아니었습니다. 왜냐하면 하느님 안에서 그 무엇도 죽음을 맞이하지 않기 때문입니다. 모든 것은 살아 있습니다.

오늘 날 수백만 사람들이 공동묘지에 가서 친구들과 가족들을 애도합니다. 하지만 그들은 그곳에 있지 않습니다. 이건 잘 갖춰진 큰 사업입니다. 인간의 두려움 위에 아주 잘 세워진 커다란 사업입니다. 그 누구도 죽은 후에 묘지로 가지 않습니다. 당신이 지금 죽는다면 당신은 이것과 비슷한 세상에서 즉각적으로 회복됩니다. 이 땅에서 끝내지 못했던 일들을 그곳에서 끝내게 될 것입니다. 하느님이 모든 힘의 근원이고, 하느님이 당신의 경이로운 상상력이기 때문에 결국 모든 사람들은 실패하지 않고 다 끝마치게 될 것입니다. 하느님은 자신을 구원하는 방향으로 움직이고 있는 중이며 영원의 상태라는 이 상태들을 거쳐 가고 있습니다.

당신과 나는, 이런 영원의 상태들을 창조하지는 못하지만 삶의 상태들을 창조하기엔 충분합니다. 누군가 당신에게 와서 "내가 뭘 정확히 원하는지를 모르겠어. 하지만 지금 내 상태는 마음에 들지 않아."라고 말합니다. 이걸로도 좋습니다. 이제 그에게 지금 마음에 들지 않는 것이 무엇인지 물어보십시오.

그걸 들어본 당신도 역시 그것이 마음에 들지 않을 것입니다. 그렇다면 이렇게 말하십시오. "함께 생각해보자. 네가 어땠으면 좋겠어?" 그는 결국 자신이 원하는 것을 말하게 됩니다. 그러면 친구인 당신은 그를 이전의 상태에서 건져내어 새롭게 들어갈 하나의 상태를 창조합니다. 어떻게 이 일을 할 수 있을까요? 마음의 눈으로 친구를 불러내어, 그가 함박웃음을 짓고 있는 모습을 떠올리십시오. 그리고 당신이 그를 위해 한 일에 대해 친구가 감사하게 하십시오. 지금 현실에서는 하나 일어난 것이 없습니다. 하지만 당신은 현재의 시간을 넘어 내면세계로 가서 바깥세계의 소망을 이루어본 것입니다. 당신은 그가 미소를 띠고 당신 앞에 서 있기를 바랍니다. 당신은 그가 "너무 고마워. 정말 마법처럼 그 일이 이루어졌어. 지난번에는 내가 그 일을 두고 끙끙거리던 게 기억나? 이제는 원하는 방향으로 계속 잘 돌아가고 있어. 모든 게 완벽해."라고 말하는 것을 듣고 싶어 합니다. 상상 속에서 이 말을 듣고 있다면 당신은 친구를 그의 이전의 상태로부터 그를 위해 창조한 새로운 상태로 옮긴 것입니다. 이것을 해보십시오. 실패하지 않을 것입니다.

기도는 간청이 아닙니다. 기도는 감사를 표현하는 것입니다. 무릎을 꿇고 외부에 있는 어떤 존재에게 애원하지 않습니다. 당신 자신과 참자아 사이에는 어떤 중재자도 필요 없습니다. 사제라든지, 치유가라든지, 다 필요 없습니다. 외부의 어떤 존재도 필요치 않습니다. 모두 당신의 참자아 안에 존재합니다.

소망이 이루어진 것이 사실이라면 어떤 느낌이겠습니까? 이 느낌을 잡아낸 후에, 그 상태 안에서 당신 자신을 활동시키고, 그것을 느끼십시오. 그러다 불현듯 당신이 안도된 느낌을 받을 때까지 이렇게 느끼는 것을 계속하십시오. 당신 안에서 해방된 느낌이 들 때가 있을 것입니다. 그러면 이것은 끝난 것입니다. 이루어진 것이기 때문에 재차 할 필요가 없습니다.

저는 매순간, 어떤 한 장소에서부터 이 세상을 계속 보고 있는 중입니다. 이것은 제 세상에서 경제적인 관점으로부터 보는 것일 수도 있고, 육체적인 관점에서 보는 것일 수도 있습니다. 이것을 명확히 이해하십시오. 저는 계속해서 한 상태로부터 보고 있는 중이고, 이것이 현실이 된 것을 보고 있는 중입니다.

제가 옮겨갔는지, 어떻게 알 수 있을까요? 간단하게 알 수 있습니다. 무언가 움직였는지를 알려면 반드시 기준점이 있어야만 합니다. 만일 제가 지금 이 자리에서 저 끝까지 움직이는데, 제가 움직이는 방향으로 모든 것들이 함께 움직인다면 제가 움직였다는 것을 증명할 기준점이 없습니다. 움직임이라는 것은 고정된 기준점과 그것에 대한 상대적인 위치의 변화를 통해서만 감지될 수 있습니다. 내가 움직였다는 것을 알 수 있게, 그것과 비교할 수 있는 고정된 기준점이 필요합니다.

내 친구들은 내가 어디에 있는지, 내가 누구인지, 내가 어떤 사람인지 알고 있습니다. 내가 변화를 원한다면 나의 기준점의 역할을 해주는 친구가 이 변화를 알아야만 합니다. 이것을 친구들에게 부탁하거나 간청하지 않습니다. 단순하게 내가 옮겨갔다는 것을 사실로 받아들입니다. 만일 내가 달라졌다는 것을 사실로 받아들였다면, 그 다음에 기준점으로 친구들의 얼굴을 떠올려 봅니다. 마음의 눈에서 친구들을 떠올려서 나를 보게 합니다. 친구들이 나를 이전과는 다르게 보고 있습니까, 아니면 여전히 나를 변화하려고 애쓰는 사람으로 보고 있습니까? 내 변화된 모습에 축하를 보내고 있습니까? 친구들은 나를 예전과는 다르게 보고 있다는 것이 얼굴에 나타나 있고 나를 축하해주고 있다면 난 변화된 것입니다. 이것이 내가 원하는 것입니다. 이것이 내가 움직였다는 것을 증명해줍니다. 물리적으로는 누구도 내가 움직인 것을 보지 못했습니다. 여전히 같은 의자에 앉아있지만, 난 움직인 것입니다.

세상 전부는 움직임에 기초하고 있습니다. 심리적인 움직임 말입니다. 우리는 상상력의 세상 안에 살고 있으며, 이 외부로 그려져 나온 세상도 모두 처음에는 상상력 안에 존재했습니다. 지금 보고 있는 것 중에서, 처음에 상상 속에 존재하지 않았던 것은 하나도 없습니다.

상상력이 우리와 가까이 있는 것만큼 하느님도 우리와 가까이 있기에 우리는 하느님을 찾을 수 없습니다. 왜 그렇습니까? 왜, 나 외부에 있는 어떤 것으로 그분을 찾을 수 없습니까? 왜냐하면 하느님은 내가 상상력이라고 부르는 것이기 때문입니다. 나는 내 상상 활동의 결실들을 볼 수는 있지만 이 상상의 활동을 하는 주체는 보지 못합니다. 왜냐하면 하느님은 내가 상상력이라고 부르는 실체이기 때문입니다.

당신 안에 있는 하느님은 당신의 경이로운 상상력입니다. 이것은 당신이 완전히 깨어날 때, 알게 될 존재입니다. 인간은 근본적으로 계속 이것을 찾아 헤매고 있는 중입니다. 상상력의 깨어남은, 당신 안에 있는 하느님의 깨어남입니다. 이것이 성경에서 말하는 유일한 하느님입니다. 이 외에 다른 하느님은 없습니다.

"나는 토기장이의 집으로 내려갔더니, 그곳에는 토기장이가 물레에서 일을 하고 있더라. 그의 손에 든 옹기가 망쳐졌더라. 하지만 토기장이는 이걸 버리지 않고, 다른 옹기로, 토기장이가 하기에 좋아 보이는 것으로 다시 만들었더라."

예레미야 18장의 내용입니다. "에레미야"의 뜻은 "여호와가 일어날 것이다."입니다. 그분은 분명히 일어날 것입니다. 그분은 당신이기 때문에 당신 안에서 당신으로 깨어날 것입니다. 깨어날 다른 사람은 없습니다. 오직 하느님뿐입니다. 이 하느님은 당신의 경이로운 상상력입니다. 히브리어로 "토기장이(potter)"라는 단어는 "상상력, 인식하는 주체"입니다. 그래서 나는 상상력이 있는 곳으로 내려갔더니, 그곳에서 토기장이는 자신의 물레에서 일을 하고 있습니다. 토기장이는 무엇입니까? 나의 상상력입니다.

지금 무엇을 하고 있습니까? 저는 그저 여기, 저기에서 시간을 보내고 있습니다. 그렇다면 망쳐진 것입니다. 당신이 지금 하고 있는 것은 당신이 하길 원하는 것이 아니라는 것을 인정할 것입니다. 그렇지만 이것을 던져버리지는 마십시오. 다시 재작업을 하십시오. 당신이 하기에 좋아 보이는 것으로 그 옹기를 재작업 하십시오. 외형으로 판단하지 마십시오. 당신은 어쩌면 하느님이 이 일을 반대하고 일정한 양만큼의 돈에만 만족할 것이라고 생각할지도 모릅니다. 아닙니다. 한계를 두지 마십시오. 믿음의 힘에 어떤 한계도 올려놓지 마십시오. 토기장이는 자신에게 어떤 한계도 올려두지 않았다는 것을 믿을 수 있습니까?

토기장이를 원하는 상태에 두십시오. 하느님이 원하지 않을까 봐 약간 타협한 상태에 놓는 것보다, 토기장이를 한계도 없는 상태에 둔다고 돈이 더 드는 것도 아닙니다. 어떤 대가도 치르지 않습니다.

"값을 치르지 말고 와서 먹고 마셔라. 돈 없이 포도주를 사고, 우유를 사라."

이렇게 하는 데에 동전 하나 필요하지 않습니다. 왜 한계를 둡니까?

이 세상에서 큰 부를 가진 사람을 만날 때 그들이 돈을 가졌다는 이유로 그들을 판단하고 있다면 그와 잠깐이라도 대화를 나눠 보세요. 돈이란 것은 그들의 다른 상태들을 조금도 바꿔놓지 못했다는 것을 알게 될 것입니다. 돈을 갖고 나서도, 이전의 모습들처럼 여전히 어리석을 수 있습니다.

사실, 저는 백만장자들 여럿이 모이는 파티에 참석한 적이 있습니다. 이곳에서 한 여성분은 "저기 저 여자분 보여요? 그냥 부자가 아니에요. 어마어마한 부자예요."라고 말했습니다. 그녀를 아주 거대한 부호라고 말했습니다.

뉴욕시에는 참석자들 모두가 백만장자인 레이디스 클럽이 있습니다. 당신이 만약 그곳에 가게 된다면 성대한 점심을 먹고 난 후에 그곳에서 나오십시오. 이런 사람들이 그 클럽의 회원이었다는 것을 몰랐다면 당신은 속으로 "불쌍한 영혼들"이라고 말할 것입니다. 당신은 어쩌면 그들이 방문객들의 뒷정리를 해주는 사람이라고 생각할지도 모릅니다. 그분들의 모습은 정말 그렇습니다. 그들은 자신들에게는 값비싼 외투 따위는 필요하지 않다고 느낍니다. 왜냐하면 자신들은 그런 것들로는 영향을 받지 않는다고 느끼기 때문입니다.

아버지가 가게를 운영하고 있었을 때 매우 부자였던 여성분들이 오곤 했습니다. 그러면 아버지는 저희들 쪽으로 고개를 돌리고는, "하느님은 정말 자비롭다는 것을 알고 있니? 생각해봐라,

저 사람들이 돈이라도 없었으면."이라고 말하면서 말을 끝마치지는 않았습니다. 아버지는 항상 마지막은 우리들의 상상에 맡겨뒀습니다.

기도가 응답될 것이라고 전 말합니다. 모든 기도들은 당신이 기도하는 방법을 알기만 한다면 다 응답됩니다. 기도는 애원하는 것이 아니란 것을 기억하세요. 당신은 애원하지 말고, 그저 감사를 표해야 합니다. 존재하지도 않는 것에 감사를 할 수는 없을 것입니다. 당신은 "하느님에게 다가온 자는 먼저 하느님이 존재한다는 것과 하느님을 찾는 자에게 하느님이 보상한다는 것을 믿어야만 한다."고 쓰인 것처럼 먼저 하느님을 믿어야만 합니다. 저는 하느님이 존재한다는 것을 알고, 사람들 모두가 하느님이 존재한다는 것을 알기를 바랍니다.

블레이크가 말한 것처럼 "우리는 왜 하느님이 거하고 있는 우리자신에게 요청하지 않고, 여기에서 도와달라고 하느님을 부르며 떨고" 있을까요? 왜 우리는 하느님이 내 안에 존재하는데도, 외부를 향해 하느님을 부르짖고 있는 건가요? 하느님은 내 안에 상상력으로 거하고 있습니다. 이것이 이루어졌다고 만족할 때까지 당신의 상상력과 교감하세요. 그 후에 당신의 일을 하면서 그것이 그것 고유의 길을 가도록 하십시오. 시간은 상상이 사실임을 증명할 것이고, 상상은 완벽하게 세상에 드러날 것입니다.

다른 사람에게 간청하지 않습니다. 다른 사람에게 애원하지 않습니다. 이런 것은 소위 성스러운 것과 조금의 관계도 없습니다.

성스럽다는 말도 잘못 사용된 단어입니다. 누군가가 와서 아주 대단한 성자라는 사람을 소개해준다고 하면 얼른 뒤돌아서 도망가야 합니다. 그 사람이 이제 당신을 벗겨 먹으려고 할 것이기 때문입니다. 인도에서부터 이곳으로 왔다는 성자들이 있습니다. TV에서 그들을 볼 수 있습니다. 그들은 이제 '특별한' 과정을 위해 500달러를 요구하기 시작하는데, 어떤 사람들은 그것을 믿고 돈을 지불합니다. 이제 그들은 별 생각이 없었던 사람들에게서 아주 손쉽게 주머니에 넣게 된 막대한 돈을 가지고 인도로 돌아갑니다. 알다시피, 돈은 자신을 소유한 사람이 누구인지 관심 갖지 않습니다.

소위 성자라는 이들에 대한 일화가 있습니다. TV에서 리포터가 한 키작은 남자에게 물었습니다. "왜 그렇게 자신을 광고하고 있는 거죠? 당신은 자신을 포장하면서, 계속 광고하고 있거든요. 예수님은 그렇게 안 하셨는데 말이죠." 그러자 그는 큰 목소리로 웃으면서 말하기 시작했습니다. "그것 때문에 그분은 그렇게 오랜 시간이 걸렸죠."

당신에게는 당신이 원하는 남성, 여성이 되는 데에 필요한 모든 것들이 있습니다. 외면하지 마십시오. 지금 바로 당신이 원하는 모습이 무엇인지 아십시오. 딱 정하십시오! 당신이 어떤 모습이 되고 싶은지 알게 되었을 때 그게 가능할지에 대해 다른 사람에게 묻지 마십시오. 그냥 당신이 그렇다고 느끼십시오. 이것이 사실이라면 어떤 느낌을 받겠습니까? 아내, 남편, 친구들에게 이것을 알릴까요? 소리를 내어 그들에게 말하지 마십시오. 단지 당신의 상상 속에서 그들에게 알리십시오. 이것이 사실이었다면 그들이 당신을 보게 될 모습으로, 당신을 보게 하십시오. 그리고 이렇게 받아들인 가정 속에서 잠에 드십시오.

제 경험상 믿음은 오감이 사실이 아니라 말하고 세상 사람들이 거짓이라고 말할지라도 계속 고집한다면 현실로 굳어집니다. 이것은 법칙입니다. 마가복음 11장 24절의 다음 구절을 어떻게 달리 해석할 수 있겠습니까?

"그대가 기도 속에서 요청한 것은, 그것이 무엇일지라도 받았다고 믿어라. 그러면 그렇게 될 것이라."

믿음의 힘에는 어떤 한계도 없습니다. 당신에게 이로운 믿음이어야 한다고 말하지도 않습니다. 선택은 당신에게 온전하게 주어지고, 다만 어떤 결과물이든 그것을 받으라고 말합니다. 수확의 시기가 왔을 때 당신은 당신이 선택했던 것의 결과물을 얻게 될 것입니다. 선택을 하십시오. 그리고 기꺼이 그 상태의 결과물을 받으십시오.

지금 당신이 경험하고 있는 것들이 단지 상태라는 것을 알면서 삶을 경험하십시오. 현재 구렁텅이에 빠져 있는 사람을 보십시오. 그는 그곳에 계속 있을 필요가 없습니다. 당신 마음의 눈으로 그를 그 구렁텅이에서 건져내십시오.

제 친구 하나는 이 법칙을 가르치기 위해 샌프란시스코에 갔습니다. 강의를 시작하기 전에, 그의 반려견과 산책을 하는 중이었습니다. 한 남자가 거리를 가로질러와 친구에게 말을 걸었습니다. "제가 일자리를 잃었는데 약간의 돈을 주실 수 없을까요?" 친구는 "죄송한데, 제게는 돈이 없습니다."라고 대답했습니다. 이 남자는 친구의 거절에도 친절하게 받아들이면서 자기 갈 길을 갔습니다. 친구는 길을 떠나기 전에, 이 남자가 충분한 보수를 받는 일자리를 구해 기뻐하는 것을 마음속에서 보았습니다.

한 달 후에 친구가 개와 산책을 하고 있을 때 그때 그 남자가 다가와 말했습니다.

"당신이 저를 기억할 거라 생각하지는 않지만, 한 달 전에 제가 돈을 달라고 했던 적이 있었습니다. 그때 당신이 거절해준 것에 대해 감사드리고 싶어 이렇게 왔습니다. 당신이 그때 제게 주었다면 전 아마 지금도 구걸을 하고 다녔을 겁니다. 그렇게 거절당한 후, 저는 전혀 알지도 못하는 사람에게 돈을 구걸하러 다녔다는 상황을 정말 참을 수가 없었습니다. 그래서 집에 오는 길에 일자리를 구하겠다고 결심했고, 당신을 만난 다음날 무척 마음에 드는 새 직장을 구했습니다. 그래서 그때 제게 돈을 주지 않은 것에 대해 다시 한 번 감사드립니다."

그분은 제 친구가 한 일에 대해서는 알지 못했지만, 돈을 구걸하던 위치에서 돈을 버는 상태로 옮겨 놓은 것은 친구였습니다. 친구가 상상 속에서 그를 다른 상태로 옮기자, 그는 바로 다음날 직장을 구하게 됐습니다.

당신도 이것을 해볼 수 있습니다. 곤경에 처한 사람을 외면하지 말고, 이 법칙을 통해 도우십시오. 당신은 상태들을 창조해서, 사람들을 더 좋은 곳으로 구원합니다. 이 상태들은 당신이 창조한 것입니다. 하지만 영혼의 영적인 상태들은 영원한 것입니다. 누구도 그것들을 바꾸지 못합니다.

마지막 사도의 상태에 있을 때의 당신이, 혼돈의 대중 상태에 있는 당신보다 더 높다는 뜻은 아닙니다. 하느님이 사도의 상태를 지금 연기하고 있는 것처럼, 하느님이 그것도 연기하고 있었기 때문입니다. 하느님은 모든 상태들에 영향 받지 않고 그 위에 있으며, 당신이 바로 그 하느님입니다. 당신은 영원히 사도의 상태에 있는 것이 아닙니다. 여정의 마지막 부분에 당신은 사도를 연기하게 되고, 그 후에 구원이 일어납니다.

당신이 이 상태에 도달하게 되면, 당신은 세상에 보내지기 때문에 사도라는 것을 알게 됩니다. 오직 그때에서야 당신은 당신이 특정한 이유로 선택되었다는 것을 알게 됩니다. 그리고 당신에게 일어났던 것을 말하기 위해 세상으로 보내집니다.

다윗이 그리스도라는 저의 주장은, 제 경험을 통해 이야기하는 것입니다. 그렇기 때문에 확신에 차 있습니다. 전 다윗이 독생자라고 말합니다. 즉 다윗은 당신이 이 영원한 영적인 상태들을 통과했을 때 이 여정의 결과물로서 나타나는 것입니다. 당신이 사도의 상태에 도달할 때 당신은 태어납니다.

당신이 앞으로 성경을 읽을 때 이곳에서 묘사된 인물들이 당신과 저 같은 사람이 아니란 것을 항상 명심했으면 합니다. 아담에서부터 시작해서 마지막 장의 인물까지 모두가 의식의 상태들을 말합니다. 당신이 환상 속에서 이런 의식 상태들에 도달하게 되면 이 상태들은 인격화 되어, 당신은 한 인간을 보게 됩니다. 하지만 이것은 당신과 같은 인간이 아닙니다. 이 모든 것은 인간의 상상력 안에 존재합니다.

당신이 아브라함을 만나게 되었을 때도 당신은 한 사람을 보게 될 것이고 그가 아브라함인 것을 알게 됩니다. 당신이 다윗을 만나게 될 때도 불노불사의 젊은이를 만나게 됩니다. 하지만 이것은 영적인 상태를 지나가는 여정의 결과로서 생기는 상태입니다. 당신은 이런 상태들보다 위에 있습니다. 당신이 하느님이기 때문입니다. 이 세상의 모든 존재는 하느님이고, 하느님은 한 분입니다.

"들어라, 오, 이스라엘아! 우리 주 하느님, 주님은 한 분이더라."

당신은 그분에게서 벗어날 수 없습니다. 세상 만물의 반석이기 때문입니다. 당신이 두 명의 신을 지니고 있다면, 둘은 넷이 될 것이고, 넷은 여덟이, 여덟은 열여섯이 되어, 당신의 세상에는 혼란이 생깁니다. 오직 하나의 하느님만이 있으며 그 하느님은, 영원하고 영원한 "I AM"이라고 이름 붙여 있습니다. 이것이 그분입니다.

모든 것은 인간의 상상력 안에서 펼쳐지고, 상상력이 바로 하느님입니다. 지금 당장, 당신에게는 당신이 원하는 남성, 혹은 여성이 될 권리가 있다는 것을 알면서 걸어 나가십시오. 이 세상에서 무언가를 얻으려고 할 때 다른 사람에게 피해를 줄 필요가 없습니다. 나가서 당신의 역할을 충분히 연기하면 됩니다. 그 누구도 당신 위에 군림하게 하지 마십시오. 계급이란 것들 모두는 그저 의식의 상태들일 뿐입니다. 왕과 광대, 둘 다 다른 역할을 연기하는 하나의 존재입니다. 그리고 이 존재는 이 두 가지의 가면에 의해 가려진 존재입니다. 이 가면 뒤에 하느님이 있고, 그 하느님이 I AM입니다.

광대 역할을 연기하고 있는 하나의 존재가 왕 역할도 하고 있습니다. 그런데도 우리는 왕이라는 가면만을 찬양하면서 왕 앞에 무릎을 꿇습니다. 하지만 궁중광대가 어쩌면 사도의 지위에 더 가까울 지도 모릅니다.

주는 사무엘에게 이렇게 말했습니다.

"이새의 집으로 내려가라. 내가 그의 아들 중 하나를 이스라엘의 왕으로 택했기 때문이라. 위풍당당한 모습을 한 첫째가 오자, 사무엘은 속으로 생각하기를, '확실히 주가 선택한 자이더라.' 그러나 주가 말하기를 '그는 아니라.'고 하더라."

주가 보는 시각은 우리의 것과는 달랐습니다. 인간은 외형적인 것을 보지만 주는 가슴 속을 봅니다. 그래서 사무엘은 둘째를 데려왔고, 또 셋째를, 마지막에는 양떼를 돌보는 자인, 다윗을 데려왔습니다.

자, 이것은 하나의 이야기일 뿐입니다. 우리가 여기에서 의미를 뽑아내야만 합니다. 주가 한 젊은이를 데려왔을 때 그 누구도 그가 선택받을 거라고 생각하지 못했습니다.

"그러자 예언자 사무엘에게 음성이 들리니, '일어나서 그에게 기름을 부으라, 이 자가 그이다.' 그러자 그의 형제들 사이에서 사무엘은 성유를 그에게 부었더니, 그날부터 계속해서 주의 혼이 그에게 강하게 내려왔더라."

주의 혼이 계속 그를 떠나지 않았기에 그는 한 번의 전투도 지지 않았습니다. 그가 바로 다윗이라 불리는 승리자입니다.

마지막 순간에 다윗은 모든 전투를 승리로 이끌고는 당신 앞에 서게 됩니다. 당신은 내면에 있는 주님들 중의 주님입니다. 당신은 이 사실을 모르고 있었는데 아버지의 독생자인 다윗이 당신 앞에 섰을 때 그가 당신의 아들임을 알게 됩니다. 이것을 통해서, 오직 이것을 통해서만 당신이 하느님 아버지라는 사실이 밝혀지게 됩니다. 당신은 다윗을 봤을 때 전적으로 확신하게 됩니다. 하느님의 아들인 다윗이 당신의 아들이란 것을 자각하기 때문에, 당신은 자신을 하느님으로 받아들이게 됩니다.

예전의 부정적이고 흘러가는 대로 내두었던 내면의 대화를 모두 멈추고 소망이 이루어졌다는 전제를 바탕으로 한 긍정적이고 건설적인 새 내면의 대화를 만들어야 합니다. 내면의 대화는 미래의 행동이 나타나도록 씨를 뿌리는 행위입니다. 외부의 행동을 결정하기 위해서는 의식적으로 내면의 대화를 시작하고 통제해야 합니다.

자신의 목표가 이루어졌음을 의미하는 문장을 만드십시오. 예를 들면 다음과 같습니다.

"나는 정당한 방법으로 많은 돈을 꾸준히 안정적으로 벌고 있다."

"나는 행복한 결혼생활을 하고 있다."

"나는 이 세상에 필요한 사람이다."

"나는 이 세상을 위해 좋은 일을 하고 있다."

이런 문장을 반복해서 말함으로써 마음속에 각인시키십시오. 내면의 대화는 우리가 살고 있는 세상에서 다양한 방법으로 모습을 드러낼 것입니다.

[상상의 힘] 중에서

THE MYSTERY OF FORGIVENESS
용서의 힘

그대의 죄가 용서되었다고 말하는 것이 쉬운가,
아니면 일어나 침상을 걷고 걸으라고 말하는 것이 쉬운가?
지상에서 인간의 아들이 죄를 용서할 권능이 있다는 것을
당신이 알게 하기 위해, 나는 지금
'일어나, 침상을 걷어버리고 집으로 가라' 고 말하더라.

－마태복음 9:5

　　그리스도교의 영광은 용서를 통해 이겨내는 것입니다. 우리는 우리의 문제들과 고난들을 외부의 탓으로, 우리를 둘러싸고 있는 조건들이라는 환경 탓으로, 우리가 원하지만 우리에겐 없는 것과 우리가 원하지 않지만 우리에게 달싹 붙어 있는 것 탓으로 돌리곤 합니다. 하지만 언제나 진짜 원인은 죄입니다.

죄란 단순히 목표를 놓치는 것을 말합니다. 당신에게 목표가 있는데 실현하지 못했다면 잠시 후에 좌절감을 느끼게 될 것입니다. 이것이 죄입니다. 복음서에는 모든 문제와 고난의 근저에 죄가 있다고 가르칩니다.

마가복음에 있는 이야기 하나를 해보겠습니다.

"요한이 붙잡힌 후에 예수가 갈릴리로 와서 하느님의 복음을 설교하면서, '때가 이르렀으니, 하느님의 왕국이 바로 앞에 왔더라. 회개하고 복음을 믿어라.'고 말하더라."

이 이야기는 우리들 개개인에게서 일어납니다. 이것은 모두 요한이 붙잡힌 후에 우리 안에서 일어납니다.

우리는 세례 요한에 대해 읽어봐서, 그가 낙타털로 짠 옷을 입고 가죽 허리띠를 매고 메뚜기와 석청을 먹는 이상한 식습관을 가졌었다는 것을 알고 있습니다. 그는 오늘날의 수백만 명이 생각하듯, 이런 행동이 어떤 보답을 얻게 될 가치 있는 것이라 믿고 있었습니다.

이것이 잘못된 방식이란 것을 알아서 이 마음상태를 자신 안에 가뒀을 때 새사람이 옵니다. 이때서야 인간 안에 깨어나기를 기다리고 있는 사람이 태어납니다. 그리고 그는 이제 하늘나라의 왕국이 목전에 있다는 주장을 합니다. 하지만 하나의 조건을 붙입니다.

"회개하라. 그리고 복음을 믿어라."

바로 이것입니다.

예수는 복음입니다. 그는 본보기 인간(pattern man, 패턴맨)입니다. 그는 세세하게 성서를 경험했고, 자신이 주인공이라는 것을 알기에 자신을 구약의 주인공으로 해석해냅니다.

예수가 "저 책은 나에 대해 적혀 있더라."고 말했던 것을 보면 알 수 있습니다. 예수는 자신을 인간의 아들이라고 불렀습니다. 인간의 아들이라는 표현은 성서에 여러 차례 등장하지만 예수가 아닌 다른 사람의 입에서는 이런 호칭이 사용되지 않았다는 것을 알 수 있습니다.

사람들은 예수에게 마비된 자를 데려옵니다. 자, 여기서 마비된 자는, 육체적으로 옴짝달싹 못하는 사람만을 의미하는 것은 아닙니다. 상품들이 잘 팔리지 않는다면 사업에 마비가 온 것입니다. 활발하게 유통되지 못하고 있다면 파산이 일어날 겁니다. 사회생활에서도 마비를 겪을 수 있습니다. 예전과는 다르게 사람들에게 환영받지 못하고 있다면 그렇습니다. 당신의 예술세계에서도 마비를 겪을 수 있습니다. 영감을 잃었다던가, 그림 작품이 나오지 않고 있다던가, 시나 글이 나오지 않고 있을 때가 그렇습니다.

마비된 자란, 우리 세상에서의 온갖 마비들을 나타냅니다. 성경에 적힌 기적들은 모두 우화입니다. 우화는 마치 실제 일어난 일처럼 적어서, 그 이야기의 가공된 인물의 참뜻을 발견해서 적용해보는 과정을 독자들에게 전적으로 맡겨 놓습니다.

예수가 마비된 자를 보고는 이렇게 말합니다.

"그대의 죄는 용서되었다."

율법학자와 바리새인들이 말했습니다.

"왜 그렇게 말씀하십니까? 이건 신성모독입니다. 하느님이 아닌 자가 죄를 용서할 수 있단 말입니까?"

예수는 그들의 의중을 알아채고는 이렇게 다시 말합니다.

"그대의 죄가 용서되었다고 말하는 것이 쉬운가, 아니면 일어나 침상을 걷고 걸으라고 말하는 것이 쉬운가? 지상에서 인간의 아들이 죄를 용서할 권능이 있다는 것을 당신이 알게 하기 위해, 나는 지금 '일어나, 침상을 걷어버리고 집으로 가라'고 말하더라."

그러자 이 남자는 일어나 하느님을 찬양하면서 나갔습니다.

이것을 현실에서는 어떻게 적용하나요? 저는 어떻게 해야만 하나요? 그는 회개하고 복음을 믿으라고 말합니다. 회개와 믿음은 용서의 조건들입니다. 그래서 회개 없는 용서란 있을 수 없습니다. 회개는 마음태도의 근본적인 변화, 심적인 변화, 생각의 전환과 수정을 뜻합니다. 생각의 뿌리까지 갈 필요는 없고, 그 일부분을 바꿀 수 있습니다. 어쨌든 나의 마음태도를 바꿔야만 합니다.

만약 이 세상에서 누군가에 대한 내 마음태도를 바꿀 수 있다면 나는 그를 용서할 수 있는 것입니다. 그가 직업을 구하지 못해 내 앞에 나타났다면, 나는 그를 내 마음의 눈앞에 좋은 직업을 가진 모습으로 나타냅니다. 그가 이미 그런 모습이라고 내 자신을 설득하면, 내가 설득된 만큼 그는 직업을 구하게 될 겁니다. 그 사람의 동의나 허락을 구할 필요 없고, 그 사람이 알 필요조차도 없습니다. 나는 그 사람이 어려운 형편에 있는 것을 보지 않습니다. 인간의 아들에게 하라고 부여된 것을 나는 할 뿐입니다. 내가 이것을 해서 원하는 결과를 얻는다면 나는 인간의 아들이 누구인지 찾게 된 것입니다.

인간의 아들은 그리스도이고, 그리스도는 하느님입니다. 나는 외부의 하느님에게 기도를 하지 않습니다. 어떤 사람에게 가서 그에게 도움을 구하지도 않습니다. 그저 그가 원하는 모습이 되었다는 상상을 직접 했을 뿐입니다. 내가 해야만 한다고 믿고 있는 것을 했더니, 이것이 작동했습니다. 이것이 작동한다면, 그렇다면 나는 인간의 아들이 누구인지 압니다.

"예수 그리스도가 그대 안에 있다는 것을 그대는 깨닫지 못했던가? 자신을 시험해서 보아라."

바울은 사람들에게 스스로 시험해보라고 말합니다. 왜냐하면 사람들 안에, 인간의 아들이 있기 때문입니다. 즉, 예수가 자기 자신을 지칭할 때 가장 자주 사용한 명칭인, 인간의 아들이 우리들 안에 있기 때문입니다.

예수는 자신이 그리스도라고, 축복받은 이의 아들이라고, 하느님의 아들이라고 고백했습니다. 그는 또한 자신이 하느님이라고도 고백했습니다.

"나를 본 자는 아버지를 본 것인데, 어찌 그대는 나에게 아버지를 보여 달라고 말할 수 있는가?"

하지만 예수 본인의 입으로 자신을 지칭할 때 가장 자주 사용했던 명칭은 인간의 아들이었습니다. 그리고 그것은 오직 예수의 입에서만 나온 말이었습니다.

인간의 아들은 죄를 용서할 권위를 갖고 있습니다. 만일 당신이 어떤 사람의 죄(그것은 단지 목표에서 빗나가는 것을 뜻할 뿐입니다)를 용서할 수 있는데 이때 그 사람에게 허가를 구하거나 동의를 받을 필요가 없기 때문에 그는 당신이 지금 무엇을 하고 있는지 알지 못합니다. 당신이 누군가에 대해서 동정심을 느낀다면 계속 동정해서 그 상태에 묶어두는 대신에 그가 새로운 상태에 있는 것을 경험해야만 합니다. 그리스도는 당신의 경이로운 상상력이기 때문에 이런 일들 모두를 당신의 상상력 안에서 합니다. 이 외에 다른 그리스도는 없고, 앞으로도 존재하지 않을 것입니다.

십자가에서 외칩니다.

"아버지, 그들을 용서하소서. 그들은 자신들이 하고 있는 것을 알지 못하나이다."

그들이 스스로(상상력)에게 하고 있는 일을 용서해달라는 외침입니다. 당신이 상상력을 잘못 사용하는 날마다, 당신은 당신의 경이로운 상상력에 저런 일을 하고 있는 것입니다.

나는 나에게, 혹은 다른 사람에게 사랑스럽지 않은 생각을 함으로써 상상력을 잘못 사용합니다. 그래서 나를 용서하라고, 내가 지금 하고 있는 일을 알지 못한다고, 그리고 알았더라면 이런 일을 하지 않았을 것이라고 말합니다. 사람들이 "I AM(나는)"이라는 선언을 잘못 사용한 것에 대해 그들 모두를 용서하라고 나는 나 자신에게 말하고 있습니다. 왜냐하면 나는 당신 안에 있고, 당신은 내 안에 있기 때문입니다. 우리는 하나이고, 우리의 상상력은 하나의 우주적인 그리스도입니다.

"아버지, 그들을 용서하소서."는 십자가 위에서의 외침입니다. 예수가 짊어지고 있는 십자가는 당신이 걸치고 있는 육신뿐입니다. 하느님은 인간을 하느님으로 만들기 위해 인간이 되었습니다. 저는 하느님이 저의 상상력이라는 것을 입증했습니다. 저는 사람들을 그들이 원하는 모습으로 제 마음속에서 떠올리는 일을 합니다. 그 모습이 진실이라고 저 자신을 설득하면 얼마 지나지 않아 현실이 되어 나타납니다. 법칙이 작동되는 것을 보는 순간, 저는 제가 누구인지 알게 됩니다. 나는 그입니다.

목표를 빗나간 사람들 모두는 마비되어 있으며 좌절한 채로, 언제나 외부의 원인만을 찾아서 비난합니다. 그들이 가리키고 있는 것은 자신의 환경, 자신을 둘러싼 주변의 것들입니다. 언제나 외부의 것들을 가리킵니다. 하지만 진짜 원인은 인간의 죄입니다. 자신이 목표로 삼은 것에서 빗나가면, 얼마 후에 좌절합니다. 좌절은 목표로 삼은 것에서 빗나간 것을 뜻하기 때문에 좌절만이 죄입니다.

그리스도교의 영광은 용서를 통해 승리하는 것입니다. 만일 내가 매일 아침, 점심, 저녁 계속해서 이 일을 한다면 성경의 이야기 전체를 삶에서 실천하고 있는 것입니다. 나는 내 안에서 이스라엘의 성스러운 역사가 완성되고 절정에 달하게 될 시간을 기다리고 있습니다. 하지만 내가 이곳, 이 땅에 아직 남아있는 동안에는 죄를 용서할 권능을 지니고 있습니다. 내가 이것을 하기 시작할 때 성경이 모두 나에 관한 이야기였다는 것을 깨닫게 됩니다. 그러면 여기서 나는 누구입니까? 네빌인가요? 아닙니다! 나의 경이로운 상상력입니다. 성경 전체는 그리스도에 대한 이야기일 뿐인데, 그리스도가 나의 상상력입니다. 그리스도는 인간의 아들이고, 이것은 나의 경이로운 상상력입니다.

이것이 용서입니다. 성서는 모두 용서에 대한 이야기입니다.

"베드로가 예수에게 말하더라, '주여, 얼마나 자주 내 형제를 용서해야만 하나이까, 일곱 번 만큼 해야 하나이까?' 그러자 예수가 답하되, '나는 일곱 번이라고 말하지 않았고, 일흔 번씩 일곱 번이라도..'"

다른 말로 하면 이 일이 일어날 때까지 계속 하라는 것입니다. 이것은 끝없는 숫자입니다. 당신이 설득되었을 때 용서에 성공한 것이기 때문에 당신은 이 일이 이루어졌다고 스스로 설득될 때까지 반복하십시오.

용서한다는 것은 잊는 것입니다. 용서를 하면서 잊지 않을 수는 없습니다. 블레이크는 말했습니다.

"천국에서의 유일한 기술은 잊는 것과 용서하는 것이다."

다른 기술은 없습니다. 지옥에서는 모든 것들이 자기정당화를 외칩니다. 용서도 없고, 잊는 것도 없습니다. 신부님들이 당신을 용서한다고 말하고는, 한 시간 후에 길가에서 다시 만났을 때 여전히 당신이 고해성사했던 것을 기억하고 있다면 그들은 진짜 죄를 사한 것이 아닙니다. 그들은 당신을 당신이 원하는 남자, 혹은 여자의 모습으로 기억하지 못하고 그저 고해성사했던 모습으로 보고 있습니다. 이건 잊지 않았기 때문에 용서가 아닙니다. 망각이 없는 곳에는 용서도 존재하지 않습니다.

당신이 얼마나 자주 죄를 짓고 좌절하고 있는지는 문제가 되지 않습니다. 용서의 기법을 연습하여 용서의 삶을 사십시오. 세상의 모든 존재는 진실로 비난받아서는 안 됩니다. 그들은 일정한 의식의 상태에 있는 것뿐이기에 세상의 모든 존재를 용서하십시오. 상태는 그저 현상이지, 그 존재가 아닙니다. 그 상태에 빠진 사람을 다른 상태에 있는 모습으로 마음에 나타내서, 그 사람을 그곳에서 건져내십시오.

이것을 한다면 당신은 어떤 비난도 하지 않을 것입니다. 누군가 폭력을 행사하고 있다면 그는 분명 폭력의 상태에 있는 것입니다. 그가 나타내고 있는 상태가 마음에 들지 않는다 해도 이건 단지 상태가 그런 것일 뿐이지, 그곳에 빠져 있는 사람의 문제는 아닙니다. 어떤 상태에 있는 사람은 상태를 나타내는 매개체일 뿐입니다. 당신이 이것을 알고 마음에 간직한다면 누구도 비난하지 않을 것입니다.

성서에 나온 기적들은 모두 우화이고 일정한 이야기들을 전해줍니다. 예수 그리스도에 대한 이야기는 현재에도 적용되는 우화입니다. 이야기 전체는, 처음부터 마지막까지 하느님의 구원의 계획을 이야기로 만든 것입니다. 언젠가 당신은 이 우화를 경험하게 될 것이고 이 경험 후에 이 이야기의 참뜻을 알게 될 것입니다. 이것 전체가 당신 안에서, 가지 위에서 피어나는 꽃처럼 피어날 것이고, 이때 복음서의 진실을 알게 됩니다.

예수는 구약 전체를 가지고 자신을 주인공으로 삼아 해석했습니다. 이건 세상의 랍비들에게는 충격을 안겨줬습니다. 왜냐하면 랍비들은 이런 것을 기대하지는 않았기 때문입니다. 랍비들은 이 세상의 거리를 돌아다니는, 교육을 받지 않은, 특별할 것이 없는 이런 일반적인 사람과는 완전히 다른 존재를 기대하고 있었습니다. 그런데 이 평범한 사람 안에서 그 일이 일어났고, 그가 그 이야기를 했습니다.

예수를 따랐던 사람들 역시도 교육을 받지 않았습니다. 사도행전에서는 요한과 베드로가 예수의 이름으로 놀라운 기적들을 행하기 시작하자, 사두개인들이 멈추게 했습니다. 그들은 막강한 정치적 권력을 이용해 예수의 이름으로 가르치거나 예수에 관해 가르치지 못하게 했습니다. 그러자 요한과 베드로는 더 이상 가르치지 말라는 그들에게 이렇게 말합니다.

"하느님에게 귀를 기울이는 것에 비해 당신의 말에 귀를 기울이는 것이 합당한지는 하느님의 시선에서 당신이 생각해보아야만 하더라. 하지만 우리는 우리가 들었던 것만을 말할 수밖에 없다."

우리는 이것에 대해 들었고, 이것을 경험했습니다. 우리가 이것 외에 어떤 다른 것을 말할 수 있겠습니까?

만일 오늘 밤 세상 전체가 들고 일어나서 지금 제가 말하고 있는 것은 사람들을 그릇된 길로 인도하니, 더 이상 이런 이야기를 하지 말아야 한다고 하더라도 전 그럴 수 없습니다. 어떻게 저에게 일어난 일을 무시할 수 있습니까? 감각이 경험한 것이면 작은 것이라도 부인할 수 없는 것처럼, 전 제게 일어났던 일을 부인할 수 없습니다. 오늘 밤 저녁식사로 무엇을 먹었는지 기억합니다. 하지만 그것도 제 안에서 성서가 펼쳐졌을 때의 기억만큼 생생하지는 않습니다.

1929년에 일어났던 일과 성경의 일들이 펼쳐졌을 때인 1959년의 일은 어제 먹었던 식사보다 더 생생하게 각인되어 있습니다.

베드로와 요한은 말했습니다.

"하느님의 시선에서 이것이 옳은지는 당신이 판단하지만, 우리가 들었고 보았던 것을 말할 수밖에 없더라."

용서란 회개와 믿음을 실천하는 것인데, 그들은 계속된 용서의 삶을 살았습니다. 회개와 믿음은 용서의 조건들입니다. 내 앞에 있는 존재들을 새롭게 만드는 것을 통해 내 마음상태를 바꿔 회개를 합니다. 내 자신을 설득하는 만큼 상대방은 내 안에서 설득된 모습으로 나타날 것입니다. 세상은 이 모습을 보지 못했지만 나는 보았습니다. 이것을 보았기 때문에 내 맹세를 어기지 않고 믿음을 가집니다. 당신(혹은 나)에 관한 상태에 대해 믿음을 유지하겠다고 나에게 맹세했고, 내가 이 맹세를 유지한다면 당신은 그만큼 세상에 그 모습을 나타낼 것입니다.

하지만 이에 앞서 회개가 먼저 선행되어야만 합니다. 왜냐하면 회개란 나의 감각기관이 인지하고 있는 것을 변화시키고 재구성하는 것을 뜻하기 때문입니다. 나는 마음의 눈 안에서 이것을 변화시킵니다. 제대로 잘 작동된다면 그리스도를 찾은 것입니다. 이 외에 다른 그리스도는 없습니다. 그에 의해 모든 것이 만들어졌고, 만들어졌던 것들 모두도 그가 없이는 만들어지지 않았다고 말해지기 때문입니다.

만일 당신이 상상을 하고, 어떤 의식적인 노력이나 누군가에게 간청한 일도 없는데 상상했던 일이 일어난다면, 당신은 생각 끝에 이렇게 말할지도 모릅니다.

"이것 때문에, 저것 때문에, 혹은 어떤 다른 것 때문에 이 일이 일어났구나!"

그리고는 이 일이 일어난 현실적인 원인만을 믿습니다.

진정한 원인은 보이지 않는 곳에 있습니다. 그건 당신의 상상력입니다. 누가 당신의 상상력을 봅니까? 상상력은 당신의 한 가운데 있으면서도, 당신이 인식하지 못하고 있는 보이지 않는 존재입니다. 당신은 그분의 허리띠를 풀 능력도 되지 않습니다. 언젠가, 당신을 성령으로 세례해 줄 분이 그곳에 있습니다. 그분은 당신 안에서 그분이 이룬 것에 흡족해 할 것이고, 그래서 그분은 실제로 완전히 내려와 당신을 사로잡고 의복처럼 당신을 입을 것입니다. 그러면 당신과 그분은 하나가 됩니다.

그런데 가장 오래된 성서인 마가복음에서는 우리가 회개를 하라고 말합니다. 이 일은 외적인 인간이 체포된 후에 일어납니다. 외적인 인간이 체포되었다는 것은, 다시 말해 괴상한 식단을 행하거나, 담배를 피우지 않거나, 고기를 먹지 않는 것을 통해 하늘나라의 왕국에 들어갈 수 있다는 생각을 하지 않는 것입니다.

죄는 세상 모든 문제의, 그리고 모든 고통의 원인입니다. 세상의 모든 문제들은 그저 죄일 뿐입니다. 성경 곳곳에서 "당신의 죄는 용서되었다. 당시의 죄는 용서되었다. 당신의 죄는 용서되었다."는 구절을 보게 될 것입니다.

마비된 자가 왔고, 간통한 자가 왔고, 죽은 자가 왔고, 그들이 누구이든지 예수는 "그대의 죄는 용서되었다."고 말했습니다. 그저 예수는 그들의 모습을 그들이 원하는 모습으로 그려냈고, 이런 상상이 실제라고 자신을 설득하자, 마음의 눈에서 그렸던 모습대로 그들이 나타났습니다.

인간의 아들인 예수에게 말해졌던 모든 것은 당신이 반드시 경험하게 됩니다. 이것을 경험하게 될 때 당신은 하느님 아버지가 됩니다. 예수는 "나를 본 자는 아버지를 본 것이다."고 말했습니다.

바로 그렇습니다. 인간의 세상 안에서 나는 하느님의 아들이고, 하느님의 창조의 힘이고, 하느님의 지혜입니다.

그런데 "나는 아버지로부터 나와, 세상으로 들어갔더라. 또 다시 세상을 떠나 아버지에게로 가노라."라고 말합니다. 즉, 나는 모든 한계를 지니고 이 세상으로 들어왔다가 참된 나의 존재로 되돌아갑니다.

그 누구도 당신에게, 하느님이 인간이 아니라고 말하지 말게 하십시오. 하느님은 인간입니다. 당신이 깨어난 주 앞에 서게 되었을 때 그는 인간입니다.

"그대는 한 인간이고, 하느님은 그 이상도 아니며, 그대의 인간성은 경배하는 법을 배운다."

무한한 사랑, 그렇습니다, 인간입니다. 하느님을 어떤 비개인적인 힘으로 생각하지 말고, 인간으로 생각하십시오. 하느님은 실제로 인간입니다. 이것이 바로 당신이 하느님인 이유입니다. 하느님은 당신이 되었습니다. 이제 하느님이 그분의 영광, 그분의 사랑, 그분의 권능, 그분의 지혜와 같은, 그분인 것 모두를 통해 당신을 들어 올리고 있습니다.

이제 용서를 실천하십시오. 마음태도를 변화시키십시오. 이것이 회개입니다. 그리고 이 변화된 것의 실체를 믿으십시오. 이것이 믿음입니다. 보이지 않는 실체에 대해 믿음을 유지하십시오.

이것이 당신의 진정한 믿음이고, 당신의 진정한 신뢰입니다. 이것이 사실인 것처럼 그 상태에서 믿음으로 나아가십시오. 당신이 알지 못하는 방법, 감히 고안해내지 못한 방법으로 현실이 될 것입니다. 헨리 소로는 말했습니다.

"누군가 자신이 꿈꾸는 삶을 살아가고자 노력하면서 자신이 꿈꾸는 곳을 향해 믿음을 지니고 나아간다면 평범한 시간 속에서 예기치 않은 성공과 마주하게 될 것이다."

그 누구도 "언제?"라고 묻게 하지 마십시오. 언제의 문제는 당신이 관여할 바가 아닙니다. 이미 이루었기 때문입니다. 나는 그것이 되는 것을 상상했습니다. 여전히 그것이 되었다고 상상하고 있습니다. 그것이 내 세상 안에 모습을 드러낼 때까지 계속해서 그렇게 된 것을 상상합니다. 나는 그것을 이루었습니다. 내가 만약 일을 끝마쳤다면 이제는 그것이 때가 무르익었을 때 스스로 나오게끔 둘 것입니다.

제자들이 예수께 와서 말했습니다.
"스승이시여, 드소서."
그러자 예수가 제자들에게 말하기를
"나에게는 그대들이 알지 못하는 먹을 것이 있노라."
그들이 추수하기까지 4개월이 남았다고 하자,
예수께서 대답하시기를,
"추수를 하기까지 4개월이 남았다고 그대들은 말하지 말라. 보라, 너희에게 말하노니, 너희들의 눈을 들어 올려 밭을 보라. 이미 그 곡식들이 추수하도록 하얗게 되었느니라."

여러분의 목적은 이미 존재하고 있는 것을 드러내는 것이지,
무언가를 새롭게 창조하는 것이 아닙니다.

[네빌 고다드 5일간의 강의에서]

WHOM GOD HAS AFFLICTED
고난을 주었던 자

어느 날 때가 무르익었을 때
하느님은 깨어나게 될 것입니다.
하느님은 시작하기도 전에
모든 것의 줄거리를 짜놨습니다.
아들들이 모여서 아버지가 완성되기 때문에
하느님의 아들이 돌아오는 길을 미리 마련해놓은 것입니다.

"하느님이 비밀스러운 마지막들을 위해 고난을 주었던 자를 위안하고, 치유하고, 친구라 부르더라."

시편 119장에서 하느님은 "이것은 나의 고난 속에서의 나의 위안이라. 그대의 약속이 나에게 생명을 주리라. 내가 고난을 받기 전에 나는 길을 잃었지만, 이제는 그대의 말을 지켜내더라. 내가 그대의 법을 배우기 위해 고난을 당하는 것은 나에게 좋은 일이더라."고 말했습니다.

욥기 36장에서는 이렇게 말합니다.

"하느님은 그들의 고난을 통해 고난당한 자를 구원하고, 역경을 통해 그들의 귀를 열더라."

하느님은 이것을 누구에게 했습니까? 하느님은 하느님 자신에게 이 일을 행했습니다. 성경을 보겠습니다. 창세기는 성경의 모판입니다. 성경의 다른 책들이 다 그곳에 있습니다. 하지만 완전히 단정적이거나 직접적으로 뚜렷하게 나타내는 방식이 아닌, 희미하게 윤곽을 그려내거나 전조의 형태를 띱니다. 창세기는 이렇게 시작합니다.

"태초에 하느님이."

그리고 이렇게 끝을 맺습니다.

"이집트의 관에서."

태초에 하느님으로 시작해서, 이집트의 관에서로 끝나는 이 이야기는 모두 하느님에 관한 것입니다.

세상의 모든 것은 하느님입니다. 내가 당신을 보고 있을 때에도, 나는 당신이라는 가면을 쓰고 있는 하느님을 보고 있는 것입니다. 왜냐하면 이 가면 뒤에는 하느님이 있기 때문이고, 모든 것은 하느님에 의해 하느님 자신에게 행해지고 있는 것이기 때문입니다.

"내가 고난을 받기 전에 나는 길을 잃었더라."

이것은 내가 죽음의 세상에 내려오기 전에 내가 선언한, 나의 말입니다.

한 여성분이 본 환상을 이곳에서 소개하겠습니다. 제가 지금 말한 미스터리를 이해하게끔 도울 것입니다. 그녀는 이렇게 말했습니다.

저는 한계가 없는 혼이었습니다. 다른 것은 없고 오직 저만이 있었죠. 저는 세상 안으로 들어가기를 원했어요. 물론 어떤 다른 세상이란 없는 듯했지만 그래도 세상 속으로 들어가기를 원했습니다. 그런데 사람들이 저를 볼 수 있고 그들과 대화를 하기 위해서는 저에게 형태가 있어야만 한다는 것을 알았습니다. 제 자신을 가늘고 긴 나무로 만들고, 그 안에 들어갔습니다. 그곳에는 완전한 암흑과 완전한 구속뿐이었습니다. 이것보다 더 큰 구속을 생각할 수 없을 정도였습니다.

이 상자는 볼 수도 있고, 들을 수도 있고, 움직일 수도 있었습니다. 그리고 제가 의지하는 방향으로 움직였습니다. 그러다가 제가 이것을 떠나고자 하는 시간이 다가왔습니다. 저는 이 죽음의 세상에서 본다는 것, 생각한다는 것, 듣는다는 것이 무엇인지를 경험했습니다. 그러다가 갑자기 자유로워지면서 또다시 한계가 없는 혼, 한계 없는 빛이 되었습니다. 제 침대라고 생각되는 것을 바라보고 있었는데 한 무리의 사람들이 몸을 굽히고 침대에 누워 있는 하나의 몸을 바라보고 있었습니다. 이 중 한 명이 말했습니다.

"그녀는 죽었군요."

전 생각했습니다.

"죽었다고? 어떻게? 그건 불가능해! 한 번도 살아 있었던 적이 없던 것이 어떻게 죽어? 내가 그 안에 들어가 있었을 때에만 산 것처럼 보였을 뿐이지, 죽을 수는 없어. 상자는 살았던 적도 없었는데, 사람들은 상자가 죽었다고 생각하네."

제가 잠에서 깨었을 때도 이 환상에 대한 충격은 컸습니다.

이것은 놀라운 비전입니다. 우리는 이런 상자를 쓰고 있는 중입니다. 히브리어로 상자라고 번역된 단어는 또한 방주, 관을 뜻하기도 합니다.

"태초에 하느님이.... 이집트 관에서."

이것이 첫 문장과 끝 문장이고, 시작이자 마지막입니다.

하나의 목적을 위해 하느님은 인간이 되었습니다. 하느님이 거하고 있는 이 상자는 감히 그 목적을 상상조차 할 수 없습니다. 하느님은 인간을 상상할 수 없을 정도로 확장시키기 위해서, 인간이 되는 것을 통해 수축의 한계 지점까지 들어갔습니다. 이것은 하느님이라는 존재의 끊임없는 확장이고, 당신이 그 존재입니다.

우리는 엘로힘(Elohim)입니다. 우리는 세상으로 내려와, 인간의 한계를 쓴 하느님들입니다. 이것은 우리의 고난입니다. 하느님은 하느님 자신에게 고난을 주었습니다.

"내가 그대를 보고 있지 않을지라도, 그대는 또한 나와 함께 고통을 겪었더라."

그때 음성이 들려왔습니다.

"두려워 말라. 심지어 시간이 끝날지라도, 나는 그대와 있으리라. 알비온에서(보편적 인류 안에서) 잠들어 있는 그대의 형제를 죽음으로부터 깨우게 할 힘이 나에게 있다는 것을, 오직 믿으라."

우리들 안에 묻혀 있는 자는 하느님입니다. 그분의 이름은 영원하고 영원한 I AM입니다. 내가 깨어날 것이란 것을 나는 어떻게 알겠습니까? 하느님은 자신에게 돌아가는 길을 완벽하게 마련해놨습니다. 하느님 스스로 돌아가는 길을 준비했고, 이 길은 성서에 적혀 있습니다. 구약에서 아름답게 표현되었습니다. 하지만 다시 말하지만, 그것은 희미한 윤곽만을 제시하고, 개략적인 개요만을 제시할 뿐입니다.

신약은 구약을 설명해줍니다. 하지만 우리 인간들은 본래의 의도와는 다른 시선으로 신약을 봤습니다. 세속적인 역사로 보았는데 실제로는 그렇지 않습니다. 이 이야기 전부는 신성의 역사입니다. 예수 그리스도의 이야기는 이 땅에서 일어난 일이 아닙니다. 완전히 다른 영역인, 인간 안에서 일어났습니다.

욥의 이야기는 우리 모두의 이야기입니다. 이 이야기를 읽어본 적이 있다면 욥은 자신에게 일어났던 끔찍한 일들의 원인을, 본인이 제공했던 적이 없다는 것을 알 것입니다. 하지만 마지막 장에서 욥은 이렇게 말하게 됩니다.

"귀를 통해 그대의 말을 들어왔지만, 이제 나의 눈이 그대를 봅니다."

그 후 하느님은 지상에서 자신의 선물들을 넘치게 만들었습니다. 그의 형제와 자매들, 그리고 이전에 그를 알았던 사람들은 모두 "하느님이 욥에게 주었던 모든 악한 것들에 대해서" 위로하기 위해 그의 집에 와서 그와 빵을 나눠 먹습니다. 이것은 욥 42장의 내용입니다.

"욥"이라는 단어는 "내 아버지는 어디 있나"라는 의미를 갖고 있습니다. 삶의 현상의 원인은 어디 있습니까? 삶의 현상들 모두의 원천은 어디입니까? 그건 아버지입니다. 세상 모든 사람들이 찾고 있는 것입니다. 자신이 찾아 헤매고 있는 것이 아버지라는 삶의 원천인 것을 모를 수도 있지만, 지금도 그들은 아버지라는 원천이자 원인을 찾고 있는 중입니다. 이것이 욥입니다.

구약에서는 하느님을 아버지라고 말합니다. 하느님은 한 명의 사람을 지목해서 그를 자신의 아들이라고 불렀습니다. 만일 당신의 여정의 끝에서 하느님의 아들인 그가 당신 앞에 서게 된다면, 당신의 기억은 돌아올 것입니다. (왜냐하면 기억이 돌아오는 것은 하느님의 유일한 아들을 통해서이기 때문입니다) 우리는 '오직 한 분의 하느님(THE GOD)'을 구성하고 있는 하느님(gods)들입니다.

태초에 아버지의 지위가 있다면 어딘가에는 아들이란 존재도 있다는 것을 암시합니다. 그 아들이 당신 앞에 서게 되어 당신의 기억이 돌아온다면 당신은 그가 당신의 아들인 것을 알게 되고, 성경이 이루어진 가운데 그는 당신이 아버지인 것을 알게 됩니다. 당신이 당신이란 존재를 알게 되는 것은 오직 이때 뿐입니다.

저는 계속해서 당신이 하느님이라고 말하지만 당신은 저를 믿으려 하지 않습니다. 이렇게 말할 것입니다.

"만일 내가 하느님이라면 왜 이런 일도 못하고, 저런 일도 못할 수가 있겠어?"

당신은 스스로에게 부여했던 수축이라는 고난의 숨겨진 의미를 이해하지 못합니다. 당신은 어떤 잘못을 해서 이런 수축을 일으킨 것이 아닙니다. 당신이 의도한 일입니다. 삶이라는 꿈을 꾸는 것에 대해, 그리고 이 죽음의 세상 안으로 내려오는 연주회를 여는 것에 대해 당신은 동의했습니다. 그래서 이런 일이 일어났습니다.

인류는 우주라는 영원한 본체의 일부입니다. 우리는 실제로 인간이라 불리는 구조의 한 부분으로 들어왔고, 인간 안으로 들어왔습니다. 인간은 죽어 있는 것입니다. 그런데 우리는 삶이란 꿈을 꾸면서 죽음을 잠으로 바꿔놨습니다.

"무한한 자비가 죽음을 잠으로 바꿨고, 그 후에 남녀가 일어나 일을 하고 슬피 울더라."

우리는 이 인간이라는 형체를 증식시켜나가고 있는 중입니다. 하지만 당신이 두르고 있는 형체가 당신은 아닙니다. 당신은 이 겉옷이 아닙니다. 당신은 하느님입니다. 세상의 모든 사람들은 불멸하는 하느님입니다. 이 경험은 확장을 위해 매우 불가결한 부분입니다. 확장에는 어떤 한계도 없습니다. 오직 수축에만 한계가 존재합니다. 우리는 우리 자신에게 수축의 한계를 씌어, 인간이 되었습니다.

제 친구가 겪었던 환상은 완벽했습니다. 그녀는 환상 속에서 긴 상자를 보았습니다. 그녀가 보았던 "상자" 혹은 "기다란 상자"는 히브리어로 "아론(aron)"입니다. 이것은 "사원" 혹은 "이동식 예배소"로 번역되지만 이 말의 진짜 뜻은 "무덤"입니다.

제가 고린도전서 3장 16절을 읽어보겠습니다.

"그대가 살아 있는 하느님의 성전이라는 사실을, 그리고 하느님의 혼이 당신 안에 거하고 있다는 것을 알지 못하는가?"

전 이것을 이렇게 바꿔보겠습니다.

"그대가 하느님의 무덤이라는 것을, 그리고 하느님의 혼이 그대 안에 있다는 것을 알지 못하는가?"

자, 하느님의 혼과 하느님의 이름은 하나입니다. 바로 I AM입니다. 언젠가 하느님은 무덤에서 깨어날 것입니다. 하느님은 그 무덤으로부터 부활해서 스스로에게 부여했던 구속으로부터 걸어 나올 것입니다. 왜냐하면 하느님의 사원이란 인간을 말하기 때문입니다.

당신은 "나는(I AM)"이라는 것을 당신과 분리해서 떼어 놓을 수 있습니까? 당신은 "I AM"과 떨어져서 "I AM"을 관찰할 수 없습니다. 따라서 당신은 하느님을 볼 수 없습니다. 당신이 하느님이라 불리는 실체이기 때문에 당신이 공간 속에서 물체들을 보는 것처럼 하느님을 볼 수는 없습니다. 하느님의 아들이 당신 앞에 섰을 때 당신은 하느님을 알게 될 것입니다. 그 후에 당신은 다음의 말을 이해할 것입니다.

"나는 다윗을 찾았더라. 그는 그대를, 나의 아버지, 나의 하느님, 내 구원의 반석이라고 외쳤더라."

당신이 이것을 경험할 때에만, 당신은 자신이 누구인지를 진정 알게 됩니다. 왜냐하면 아버지와 아들의 관계를 보기 때문입니다. 이 경험 후에는 당신이 의지해야 하는 외부의 대상이란 없다는 것을 알기 때문에 더 이상 바깥세상의 하느님을 숭배하지 않을 것입니다.

블레이크는 말했습니다.

"우리는 왜 하느님이 거하고 있는 우리자신을 향하지 않고, 도움을 달라고 하느님에게 외치면서 떨면서 돌고 있는가?"

하느님은 우리의 경이로운 상상력으로서 우리 안에 거하고 있습니다.

"하느님이나 하느님의 아들 같은 것은 없고, 그대, 오! 인간의 상상력은 그저 망상일 뿐이라고 사람들은 조롱합니다. 하지만 오, 주여! 당신이 심지어 이 지옥에서조차(이 낯선 유한한 형체 안에서) 내 지친 눈 위로 깨어났을 때 나는 당신을 알아봅니다. 내가 당신을 보고 있지 않을지라도 당신은 언제나 나와 고통을 함께 하고 있습니다."

어떻게 나 자신을 외부의 대상을 보는 것처럼 볼 수 있겠습니까? 내 주변의 사물들은 바라볼 수 있습니다. 하지만 나는(I am), 그 사물들을 바라보는 실체입니다. 그렇다면 내가 누구인지 어떻게 압니까? 이것은 오직 나의 아들이 내 앞에 모습을 나타내서, 나를 아버지라고 부를 때에만 알 수 있습니다.

나는 이 죽음의 세상에 내려왔을 때 기억상실증으로 고통 받았습니다. 당신은 지금도 기억상실증으로 고통을 받으면서 당신의 신성한 부분을 잊고 있습니다. 당신이 하느님입니다. 우주에 다른 것은 없고, 오직 하느님만이 있을 뿐입니다. 다른 것이 차지하고 있는 부분은 조금도 없고, 하느님만이 있을 뿐입니다.

다음의 말을 귀 기울여 들으십시오.

"한 사람이 친구를 위해 자신의 생명을 내놓는 것, 어떤 사람도 이것보다 더 큰 사랑을 가질 수 없다. 이제 나는 당신을 친구라 부른다. 더 이상 당신을 종이라 부르지 않는다. 왜냐하면 종은 자신의 주인이 무슨 일을 하는지를 알지 못하기 때문이다. 하지만 나는 나의 아버지로부터 알았던 모든 것을 당신에게 말해주었기 때문에 나는 그대를 친구라 부른다."

다시 블레이크의 시로 가서, 방금 저 말을 했던 존재가 했던 또 다른 말들을 보겠습니다.

"두려워 말라, 내가 죽지 않는다면 그대는 살 수 없다. 하지만 내가 죽는다면 나는 또 다시 일어나 그대와 함께 할 것이다. 그대를 위해 결코 죽지 않는 자를 사랑하거나, 그대를 위해 결코 죽지 않는 자를 위해 죽을 수 있는가? 그리고 만일 하느님이 인간을 위해 죽지 않았다면, 그리고 인간을 위해 자신을 영원히 내어 놓지 않는다면 인간은 존재할 수도 없다. 그래서 하느님은 죽음을 택하였다."

하느님은 자신이라는 존재를 포기함으로써, 자신 안에서 자신의 것 모두를 비워낸 후, 자신에게 노예의 형태를, 상자의 형태를, 관의 형태를 덮고 그 안에 들어감으로써 죽음의 세상으로 들어갑니다. 하느님이 이름은 바로 나(I AM)입니다. 그런데 그는 하나의 이름으로 이 상자를 부릅니다. "I AM Jim," "I AM Neville," "I AM …."

"I AM"이라는 그의 진짜 이름 뒤에 작은 꼬리표를 붙입니다. 그러고는 작은 꼬리표로 단 가면을 자신으로 생각합니다. 우리는 우리가 누구인지 알지 못합니다. 그리고 이 순례의 기간 동안 완전히 소실된 기억으로 인해 고통을 받습니다.

어느 날 때가 무르익었을 때 하느님은 깨어나게 될 것입니다. 하느님은 시작하기도 전에 모든 것의 줄거리를 짜놨습니다. 아들들이 모여서 아버지가 완성되기 때문에 아들이 돌아오는 길을 미리 마련해놓은 것입니다. 엘로힘은 "하느님들"을 뜻하는 복수 명사입니다. 이들이 다 모여서 욧헤바헤(Yad He vav He)라는 "주(the Lord)"가 됩니다. 세상에 있는 사람들 모두를 한 곳으로 모으면 그들은 한분의 하느님, 한분의 주가 됩니다.

하느님은 자신의 아들들이 돌아오는 길을 마련해놨습니다. 그들이 다시 돌아오게 되는 순간에는, 하느님 아버지가 되어서 돌아옵니다. 이것은 아들들이 아버지가 되는 완전한 변형입니다.

그리고 새로운 모험이 시작됩니다. 그것이 무엇이 될지는 저도 모릅니다. 커튼이 내려오고 이 삶이란 꿈이 끝났을 때 우리는 더 이상 아버지의 아들들이 아니라, 하느님 그분이 됩니다.

당신은 당신이 쓰고 있는 가면이 아닙니다. 당신은 하느님입니다.

"비밀스러운 마지막을 위해 하느님이 고난을 주었던 자를 하느님이 위안하고, 치유하고, 친구라 부르더라. 내가 고난을 겪기 전에 나는 길을 잃었지만 이제 나는 그대의 말을 지킨다. 그대의 생명이 나에게 생명을 준다는 것, 이것이 나의 고난 속에서의 위안이더라."

성경에서 이루어지는 가장 핵심적인 약속은 아브라함에게 한 것입니다.

"나는 그대에게 아들 하나를 주리라."

여기서는 하느님의 아들이라고 직접적으로 표현하지는 않았지만 암시하고는 있습니다. 아이의 이름은 이삭이고, 뜻은 "그가 웃는다."입니다. 아이가 당신에게 보내졌을 때 그는 천상의 미소를 지으며 웃습니다. 그리고 그 다음의 약속을 한 사람은 아들, 청년 다윗입니다.

아이는 성서에 기록된 극의 일부입니다. 당신은 예수 그리스도에 관해 성경에 기록된 모든 것을, 1인칭에 현재형으로 겪게 될 것입니다. 예수 그리스도에 대해 말했던 모든 것이 당신에게 일어난다면 당신은 예수 그리스도가 누구인지 알게 될 것입니다.

하지만 자신의 나이를 알고 있는 당신은 그런 일은 불가능하다고 말할 것입니다. 당신이 두르고 있는 몸은 여전히 아이를 낳을 수 있을지도 모릅니다. 하지만 당신은 이렇게 두르고 있는 몸이 아닙니다. 당신은 당신의 진짜 나이를 가늠할 수 없습니다. 당신은 시작도 없고, 끝도 없기 때문입니다.

이런 사고방식에 익숙하지 않은 분이라면 저를 완전히 미쳤다고 생각할 것입니다. 그래도 저는 이 20세기에 태어난 당신을, 하느님의 외동아들의 아버지라고, 그리고 이 아들은 살과 피로 이루어진 존재가 아니라고 여전히 주장합니다. 당신이 이 이야기를 주의 깊게 읽어보았다면 다윗이 혼의 상태로 예수에게 나타나서 예수를 나의 주라고 부르는 것을 알 수 있습니다. 예수는 말했습니다.

"그가 혼의 상태로 나를, 나의 주라고 불렀는데 내가 어찌 그의 자손일 수 있을까?"

이것은 육신 안에서 일어나는 일이 아닙니다. 신의 옷을 두른 당신이 지구를 걷고 있는 동안에, 당신 내부에서 일어나는 일입니다. 이 땅의 일이 아닙니다. 당신은 무한한 존재이기 때문입니다. 저 환상이 당신 안에서 완전히 분출하게 되는 날이 올 것입니다. 그러면 당신은 제가 말했던 것이 진실이라는 것을 알게 될 것입니다. 제가 확신하는 이유는, 이것은 사색을 통해 내놓은 결과가 아니라 제 경험을 이야기한 것이기 때문입니다.

성서의 이야기는 진실한 이야기입니다. 구약은 모판(seed-plot)입니다. 이것은 나무이고, 이것을 경험하는 우리는 이 나무의 열매입니다.

나는 나무이면서 열매를 맺지 않을 수도 있습니다. 하지만 열매를 맺으면서 내가 나온 곳인 나무를 인정하지 않을 수는 없습니다. 저는 성서를 연구하면서 모든 것을 구약에서 발견했습니다. 신약은 단지 본보기(pattern)입니다.

성경의 모든 절들이 동등한 가치를 지니고 있는 것은 아닙니다. 모든 장, 모든 책이 동등한 가치를 지닌 것도 아닙니다. 하지만 39권의 책(구약성서)에는 빠짐없이 모두 하나의 본보기(pattern)가 있습니다. 그리고 이 본보기는 복음서들에 쓰인 방식으로 스스로를 펼쳐낼 것입니다. 이 말씀들을 찾아보고자 한다면 히브리서가 매 장마다 구약을 인용하고 있다는 것을 볼 수 있습니다. 이 부분을 자세히 보십시오. 인용된 부분 모두, 본보기가 펼쳐진 인간에 대해 언급되어 있습니다.

고난을 받고 있는 사람을 보게 되었을 때 그가 이런 저런 일을 했었기 때문이라고 생각하지는 마십시오. 세상을 자세히 들여다

보면, 막대한 부를 가진 사람들이 많다는 것을 알게 될 것입니다. 그런데 당신은 이들 중 많은 수가 자신들의 부를 어떻게 벌었는지 알 것입니다. 물론 물질적으로 그들에게 잘못된 것은 하나도 없습니다. 그러니 돈을 갖지 못한 사람들도 돈으로 판단하지 마십시오. 고난을 겪고 있는 사람을 보게 될 때 제가 지금 인용하는 말을 마음에 간직하십시오.

"그대의 약속이 나에게 생명을 준다는 것, 이것이 내가 준 고난 속에서의 나의 위안이라. 내가 고난을 받기 전에, 나는 길을 잃었다. 이제 나는 그대의 말을 지키니, 내가 그대의 법을 배우기 위해 내가 고난을 겪은 것은 나에게 이롭더라."

그 후 하느님은 그들에게 준 고난을 통해 고난당한 자를 구원합니다. 고난으로부터 구원하는 것이 아닌, 고난을 통해 구원하고, 역경을 통해 그들의 귀를 열어줍니다.

시편 40장에서 "그대가 나를 위해 내 귀를 열어주었고,"와 "그 책은 모두 나에 대한 이야기였고"라는 구절을 읽었을 것입니다. 이 말을 하고 있는 것은 다윗이기 때문에 역경을 통해 우리의 귀가 열렸다는 것을 알 수 있습니다.

위대한 그리스도론적인 시편이라 불리는, 시편 22장에서는 역경에 대해 말하고 있습니다. 마지막 부분에서는 "하느님이 가져온 것을 보라."고 적혀 있습니다. 이것을 말하는 사람은 다윗입니다. 다윗은 자신이 행했던 일, 자신이 하겠다고 약속했었던 것을 봅니다. 모든 역경들이 점차 사라지고 있습니다. 고난의 시간이 힘들지 않다는 뜻은 아닙니다. 하지만 이 말들을 마음에 꼭 새기기 바랍니다.

태초에, 세상의 기틀이 세워지기도 전에 우리는 이 역할을 맡고 고난을 받는 것을 선택했습니다. 지금으로서는 이 기간이 끝도 없이 길게 느껴지더라도 우리가 깨어났을 때에는 짧은 시간, 아주 짧은 시간 동안 삶이란 꿈을 꾸었다고 깨닫게 될 것입니다. 이 세상은 불멸하는 우주의 일부이기에 우리는 불멸의 존재로 깨어나서는 유한의 세상, 죽음의 세상을 남겨두고 떠나게 됩니다.

앞서 여성분이 겪었던 환상은 완벽했습니다. 상자를 하나 만들었고, 그곳에 들어가자마자 형언할 수 없는 어둠과 수축이 있었습니다. 이 상자는 돌아다녔고, 대화를 했고, 보기도 했고, 듣기도 했고, 우리 인간이 이 세상에서 하고 있다고 생각하는 것 모두를 했습니다. 그 후에 다시 자유가 찾아왔습니다. 그리고 자신의 침대로 보이는 것을 바라봤을 때 누군가의 말소리가 들렸습니다.

"그녀는 죽었다."

하지만 그녀는 이렇게 대답합니다.

"그건 불가능해! 한 번도 살았던 적 없는 것이 죽을 수는 없어. 내가 그것 안에 들어가 있었으니까 살아 있었던 것처럼 보였을 뿐이었어."

 당신은 이 몸뚱어리를 살아 움직이게 하는 존재입니다. 이 몸뚱어리는 언젠가는 먼지가 될 것이지만, 당신은 불멸의 존재입니다. 육신의 짧은 시간 동안 제가 지금 말하고 있는 일이 일어나지 않았다면 당신은 약 20세 정도의 육신을 한 존재로, 이 세상과 비슷한 세상에서 다시 회복됩니다. 완벽한 눈, 완벽한 이빨, 완벽한 육신을 지닌 채 제가 당신에게 말했던 것이 당신 안에서 일어날 때까지 여정을 계속하게 될 것입니다. 누가복음 17장에서는 하느님이 당신 안에 있다고 말해지기 때문입니다.

 사람들은 인간이라는 세상의 아들이 아닌, 어떤 주인공 아들이 있다고 말하면서 저 공간 어딘가에 있을 하느님을 찾고 있습니다. 그들은 "하느님은 혼이고, 하느님은 빛이고, 하느님은 사랑이다."는 말에도 불구하고 여전히 외부에서 어떤 존재를 찾고 있습니다.

 이 성경이라는 것이 얼마나 아름다운지는 당신이 직접 경험할 때까지는 아무리 말해도 알지 못합니다. 전도사들이 말하는 것과는 아무 관계도 없습니다. 전도사들은 아주 작은 예수를 보고 있습니다. 어떤 곳에서 와서 자신들과 악수를 하며 걸어 다니고 있는 그런 모습을 생각합니다. 이런 것은 상식에 맞지 않습니다. 예수 그리스도는 당신 내부에 있습니다. 그리고 예수 그리스도가 왔을 때 그는 당신이라는 존재로, 당신 내부로부터 옵니다.

우리는 그를 예수 그리스도라고 말하는데, 이건 잘못된 표현입니다. 요한계시록 11장을 보면 이런 구절이 있습니다.

"이 세상의 왕국은 우리 주님과, 주님의 그리스도의 왕국이 되었더라."

예수 그리스도라고 안 했습니다. 주님의 그리스도라고 말했고, 여기서 주님은 예수입니다. 예수와 여호와는 같은 어원을 둔 단어입니다. 두 단어 모두 야 헤 바(Ya He Vah)로 시작되는데, 이것은 당신의 경이로운 I AM을 뜻합니다. 주님의 그리스도는 기름 부어진 자입니다. 주님이 누구에게 성유를 부었습니까? 주님은 그리스도인 다윗에게 기름을 부었습니다.

당신이 고난을 겪고 있을 때, 혹은 당신이 알고 지내는 사람들이 고난을 겪고 있을 때, 비난하지도 판단하지도 마십시오. 그저 모든 노력을 다해서 그들을 치유하십시오. 전력을 다해서 그들의 고통을 덜어주십시오.

"비밀스러운 마지막을 위해 하느님이 고난을 주었던 자를, 하느님이 위안하고, 하느님이 치유하면서 그들을 친구라 부르더라."

의사나 치과 의사와 같이 의학적인 직업을 가진 사람들은 고통을 줄여 당신이 두르고 있는 육신을 좀 더 편안하게 해주려 합니다. 이 재능을 사용하고, 이 재능이 주는 편안함을 구하십시오.

그런데 고통을 받고 있는 사람들을 비난하지는 마십시오. 왜냐하면 고통 받고 있는 자는 하느님이기 때문입니다.

누가복음의 마지막에 있는 다음의 구절을 잘 새기십시오.

"오! 어리석은 자, 그리고 이해가 더딘 자들이여. 그리스도가 이런 것들로 고통을 받고 난 후 그분의 영광 속으로 들어감이 필요하지 않은가? 그리고는 모세와 율법으로 시작해서 하느님은 그들이 이해할 수 있게 성경의 모든 것들 안에 있는 것들을 해석하여 주었고, 그들의 가슴과 마음이 열렸을 때 하느님이 그들의 시야에서 사라지시더라."

이 일들 모두는 이 땅에서 일어난 일이 아니라, 천상의 영역에서 일어났습니다. 우리는 이 육신의 겉옷을 입고 걷고 있는 동안에 이 연극을 다시 재연하고 있습니다. 인간의 가장 어두웠던 시간은 하느님 아버지가 우리에게 공언하고, 자신의 계획을 말해 주었던 바로 그 시간입니다. 그 후에 하느님은 이 육신들 속으로 들어와, 우리 안에서 거하게 되었기 때문에 우리들에게는 보이지 않게 되었습니다. 이것이 하느님의 죽음입니다.

우리는 하느님을 우리 외부에 있는 아버지로 볼 수 없습니다. 심지어 가까이 있는 존재도 아닙니다. 왜냐하면 가깝다는 표현조차도 분리를 전제로 하는 말이기 때문입니다. 하느님이 나와 가깝다고 말한다면 하느님은 나의 존재가 아니란 뜻이 됩니다. 하느님은 나와 가까운 것이 아니라, 내가 된 것입니다. 그래서 하느님의 아들 안에서 하느님을 바라보지 않는 한, 내가 하느님을 볼 수 없는 이유입니다. 내가 그분의 아들을 보게 되었을 때 나는 내가 하느님이라는 사실을 알게 됩니다.

인간의 가장 어두운 밤은 하느님이 보이지 않게 되었을 때입니다. 이것이 갈보리입니다. 하느님은 베들레헴에서 인간을 하느님으로 만들기 위해, 갈보리에서 인간이 되었습니다.

예수는 우화의 형태로 이 진리를 이렇게 표현했습니다.

"너희 중에 누가 벗이 있는데 밤중에 나와서 친구에게 말하기를, '친구여, 내게 빵 세 덩이를 빌려주오. 내 친구 하나가 여행 중에 도착하였는데 그에게 내줄 것이 아무 것도 없소.' 그러자 안에서 친구가 말하기를, '나를 괴롭히지 말아줘. 문은 잠겨 있고 나의 아이들은 침대에 있어. 나는 일어나서 너에게 줄 수 없어.' 하지만 그대에게 말하기를, 그는 친구라는 이유 때문에 일어나지는 못할지라도 친구의 끈질긴 요구 때문에 일어나 친구의 요구가 무엇이든, 그것을 내어줄 것이더라."

끈질긴 요구는 철면피와 같은 태도를 뜻합니다. 다른 말로 하자면, 그 철면피는 'No'라는 대답을 얻지 않을 것입니다. 예수는 제자에게 기도하는 방법을 가르칠 때 외적인 형식을 가르치지 않았습니다. 예수는 여러분에게 어떻게 하면 'No'라는 대답을 얻지 않게끔 여러분의 생각을 맞추어나갈 것인지를 말했습니다. 위 이야기에서 주인공은 자신이 원하는 것을 알고 있었습니다. 자신이 가지고 있다는 것을 사실로 받아들였고, 그것이 현실의 느낌을 가질 때까지 사실로 받아들이는 것을 계속했습니다. 그리고 결국 그것을 얻어냈습니다. 여러분이 사실로 받아들인 것을 계속 고집하는 방법으로 여러분 안에 있는 소망을 현실로 만들 수 있습니다. 다음 소개할 이야기는 여러분이 어떻게 기도해야 하고, 어떻게 용기를 잃지 않을 수 있는지에 대해 보여줍니다.

"어떤 마을에 하느님을 두려워하지도 않고 사람을 존중하지도 않는 재판관이 한 명 있었다. 그 마을에는 과부가 하나 있었는데, 계속 찾아와서는 억울함을 풀어달라고 했다. 처음에 재판관은 거부했지만, 계속 찾아와 괴롭히자 생각했다. '내가 비록 하느님도 두려워하지 않고, 사람들도 존중하지 않지만, 이 여자가 계속 찾아와 자신의 억울함을 풀어달라고 괴롭히니 더 지치기 전에 그녀의 소원을 들어줘야겠다.'"

이 이야기는 기도를 할 때 끈질기게 요구하는 것의 필요성을 다시 보여줍니다. 여러분이 기도하는 방법을 알게 되었을 때 세상 모든 사람이 여러분의 기도를 실현시키기 위한 도구가 될 수 있다는 것을 깨달을 것입니다.

[세상은 당신의 명령을 기다리고 있습니다] 중에서

AS A MAN SOW
심은 대로

나는 나 자신을 속일 수 없습니다.
왜냐하면 상상력이라는, 내안의 하느님은
조롱당할 수 없기 때문입니다.
만일 만물이 그것의 종을 쫓아 생겨난다는 이 원리가 진실이고,
이성과 감각이 부정하고 있는 존재를
나라고 담대하게 받아들이면서,
이 믿음을 지속한다면 이 씨앗의 결실은 맺어지게 될 것입니다

법칙은 불멸의 원리입니다. 그래서 법칙에 따라 '모든 것은 그것들의 종(種, king)을 따라 나타나야만' 합니다. 이것은 창세기 1장의 내용입니다. 이것은 수확의 법칙과 동일합니다.

"이 땅이 계속 존재하는 한, 파종과 수확이 있을 것이더라."

그런 후 나무와 식물 등, 우리가 볼 수 있는 모든 것들에 대한 비유를 사용합니다.

그런데 신약에서 가르치는 것은 나무의 씨앗들에 대한 이야기만은 아닙니다. 생각을 심는 것에 대한 가르침이기도 합니다.

"자신을 속이지 말라, 하느님은 조롱받지 아니하시니, 사람이 뿌린 대로 거두리라."

당신과 나는 창조를 배우기 위해 암흑세계의 학교에 있는 것입니다. 우리는 하느님입니다. 우리를 하느님이 되게 하기 위해서 하느님은 우리 인간이 되었습니다. 우리 인간은 이곳에서 우리에게 주어진 힘을 지혜롭게 사용하는 것을 배우고 있는 중입니다. 그래서 우리가 이 힘을 잘못 사용하면 우리의 과오를 보여주기 위해 이 세상에 그것의 결과가 나타날 것입니다. 우리가 지혜롭게 사용했든 지혜롭지 않게 사용했든 그대로 보여줄 것입니다.

당신의 상상력 안에 모든 것이 존재합니다.

"그대가 바라보는 모든 것은 외부의 것처럼 보일지라도, 실은 내면, 그대의 경이로운 상상력 안에 있고 이 상상력이 만드는 유한한 세상은 단지 그림자일 뿐이다."

당신은 내 안에 있고 나는 당신 안에 있습니다. 이 세상 전체는 당신의 경이로운 상상력 안에 존재합니다. 자, 당신은 이것으로 무엇을 합니까? 이것을 어떻게 만들어가고 있습니까? 이것은 하나의 기법입니다. 다른 기법들처럼 온갖 노력을 해서 어떻게 이것을 지혜롭게 사용하는지를 찾아내야만 합니다.

위대한 상상의 비밀은 인간이 지금까지 손을 댔던 비밀 중에서 가장 위대한 것입니다. 간단하게 접근해보겠습니다. 내가 더 나은 일자리를 원한다고 가정해보겠습니다. 내가 확신하지 못하고 의심을 하고 있다면 세상 사람들도 내게, 이것을 받을 자격이 되지 못한다고, 혹은 시기가 적절하지 않다고, 상황이 어렵다고 말할 것입니다. 왜냐하면 세상은 내가 내 자신에게 하고 있는 말만을 할 뿐이기 때문입니다.

잠시 동안 이렇게 쏟아지는 생각들을 무시하고 나 자신에게 이렇게 물어보십시오.

"내가 원하는 게 뭘까? 세상은 내가 과거에 했었던 것을 들려주고 있는 중인데, 정작 내가 지금 원하는 것은 무엇일까?"

무엇을 원하는지 정확하게 알게 되었을 때 그것이 사실이라는 가정을 지속해보면, 바깥세상은 스스로를 재구성해서, 내 안에서 확고하게 만들었던 것을 투영해낼 것입니다. 그러면 세상 사람들의 눈에도, 나는 내가 원하는 사람으로 비춰질 것입니다.

참된 세상은 현실이란 곳에 있는 것이 아니라, 내 상상력 안에 존재합니다. 이 세상은 진짜처럼 보이기에, 우리는 이것이 진짜 세상이라고 생각합니다. 하지만 그렇지 않습니다. 실제 세상은 우리가 공간이라는 장막에 투영해내는, 상상력의 활동 속에 존재합니다.

이 경이로운 원리에는 셀 수 없이 많은 면들이 있습니다. 저는 지금 당신을 보고 있는데 당신은 진짜입니다. 그런데 제게는 이 공간보다 제 집이 더 진짜입니다. 왜냐하면 저는 이곳을 일주일에 한 시간씩 두 번 정도 방문할 뿐이지만, 제 집은 하루에 24시간 가까이를 지내기 때문입니다. 이 강연장은 많은 사람들이 사용하지만 제 집은 제 가족들만 사용합니다. 그런데 지금 이 순간에는 제 집은 그저 생기 없는 평평한 그림에 지나지 않고, 이 강연장은 입체적인 실체입니다.

왜 이곳은 제가 잘 알지도 못하는데, 입체적인 현실이고, 제가 잘 알고 있는 제 집은 평평한 평면에 지나지 않을까요? 그 이유는 제가 이 강연장 안에 있기 때문입니다. 이 강연장 안에서 이곳의 모든 것들에게 실체라는 느낌을 주고 있습니다. 하지만 한 시간 후에 이곳을 떠나 집으로 가게 되면 이곳은 생기 없는 그림이 되고, 제 집은 생생한 현실이 됩니다.

여기에 비밀이 있습니다. 인간은 상상력일 뿐입니다. 그리고 하느님은 인간이고, 우리 안에 있고, 우리는 하느님 안에 있습니다. 인간의 불멸의 몸은 상상력이고, 이것이 하느님 그분입니다. 나는 상상력이기 때문에 상상력 안에서 내가 있는 곳에 실제로 있는 것입니다. 나는 지금 두르고 있는 이 작은 몸뚱이에 고정되어 있지 않습니다. 나는 옷을 입듯이 이 몸을 두르고 있을 뿐입니다. 우리가 입고 있는 옷도 헤져서 버리게 될 날이 올 것입니다. 마찬가지로 이 작은 몸뚱이도 다 헤져서 버리게 될 날이 옵니다. 하지만 경이로운 상상력이라는 나의 불멸의 몸은 그렇지 않습니다. 나는 세상에 모습을 보이기 위해 두른 이 옷에 한정되지 않기 때문입니다.

나는 이 작은 육신을 의자에 앉히고, 이곳이 아닌 다른 곳에 있다는 사실을 담대하게 받아들이면서 그것에 실제라는 감각을 준다면 그곳에 있게 됩니다. 내가 그곳에 있다는 것을 어떻게 알게 될까요? 그곳으로부터 세상을 생각해보십시오.

예를 들어 내가 뉴욕시에 있다는 것을 사실로 받아들인다면, 내가 그곳에 있다는 것을 어떻게 알겠습니까? 세상을 생각해보십시오. 여전히 내 육신이 있는 이곳으로부터 로스앤젤레스를 보고 있습니까? 그렇다면 나는 뉴욕시에 있지 않은 것입니다. 내가 뉴욕시에 있다면 로스앤젤레스를 서쪽으로 3천마일 떨어진 곳으로 인식할 것입니다. 움직임은 사물들과의 상대적인 위치의 변화에 의해서만 감지될 수 있기 때문입니다. 내가 움직였다고 느꼈다면 상상력 안에서 이전의 상태와 비교해서 그것을 보십시오.

사회적, 경제적, 지적인 세계에서도 같은 방법을 사용합니다.

지금 친구들은 나를 어떤 특정한 모습으로 알고 있습니다. 나는 지금의 내 모습을 넘어서기를 원한다고 가정해보겠습니다. 내가 지금의 모습을 넘어섰을 때 친구들은 나를 알아볼까요? 물론 알아봅니다. 예전에 그들이 알았던 바로 그 사람입니다. 하지만 그들은 나를 예전과는 다르게 볼 것입니다.

그것이 경제적인 변화이든, 사회적인 변화이든, 아니면 여타 다른 변화이든, 나는 지금 내가 원하는 사람이 되었고, 친구들이 이것을 안다는 것을 담대하게 사실로 받아들입니다. 상상 속에서 그들이 나에게 축하를 하게 하십시오. 나의 마음구조를 재배열한 후에 단단하게 고정시킵니다. 이것이 사실이라는 가정을 한 채 잠에 들면서 이 장면을 단단하게 고정시킵니다.

이 원리가 진실이라면 내 세상 안에서 모습을 드러낼 것입니다. 왜냐하면 모든 것은 그것들의 종을 쫓아 나오는데, 나는 새로운 씨앗을 심었기 때문입니다. 이것이 성경에서 말하고 있는 씨앗입니다.

나는 나 자신을 속일 수 없습니다. 왜냐하면 상상력이라는, 내 안의 하느님은 조롱당할 수 없기 때문입니다. 만일 만물이 그것의 종을 쫓아 생겨난다는 이 원리가 진실이고, 나는 이성과 감각이 부정하고 있는 존재를 나라고 담대하게 받아들이면서 이 믿음을 지속한다면 이 씨앗의 결실은 맺어지게 될 것입니다.

저는 이것을 수없이 했습니다. 그래서 저는 경험을 통해 이야기하고 있는 것입니다. 당신은 당신 자신을 위해서 뿐만 아니라, 당신의 친구들을 위해 사용할 수 있습니다. 한 친구가 "나를 위해서 좋은 소식들을 들어줘!"라고 말할지도 모릅니다. 그 제안을 받아들이십시오. 그래서 최선을 다해서 그가 당신에게, 자신이 바라던 대로 일이 되었다고 말하고 있는 환상의 상태까지 고양시키십시오.

이것이 욥의 이야기입니다. 욥은 자신을 돌보지 않고, 오직 친구들을 위해 기도를 했을 때 그의 능력이 고양되었습니다. 당신은 이것을 어떻게 할 수 있습니까? 생각을 통해 이 일을 합니다. 긴 시간이 걸리는 것도 아니고, 돈이 드는 것도 아닙니다. 그저 당신 마음의 눈에서 한 친구를 불러내고는, 그의 목소리를 듣고, 그가 자신이 원했던 것을 가졌다는 사실을 받아들여 당신이 짜릿함을 느끼면 됩니다. 그리고는 잊으십시오. 이것이 창조활동입니다. 당신은 이제 씨앗을 심은 것입니다. 어디에 심은 것입니까? 당신의 경이로운 상상력 안에 심었습니다. 당신은 당신의 마음구조를 재배열해서 이 씨앗을 심었습니다.

자, 당신은 하느님을 믿습니까? 당신이 하느님을 믿는다면 당신은 당신의 경이로운 상상력 또한 믿는 것입니다. 당신은 모든 것이 하느님에게 가능하다는 것을 믿습니까? 그렇다면 모든 것이 당신의 경이로운 상상력에게도 가능하다는 것을 믿으십시오. 그 상상의 활동은 이제 세상에서 그것의 모습을 외형화시킬 것이고, 당신의 친구는 당신이 상상 속에서 했던 것이 진짜 세상이었다는 증거를 가져올 것입니다. 이것이 하느님의 법칙입니다.

내면에서 본 환상은 그것 고유의 정해진 시간이 있습니다. 당신이 보았던 환상은 무르익고, 활짝 꽃 필 것입니다. 당신에게 좋은 소식을 들어달라고 부탁했던 사람에게는 아주 긴 시간처럼 느껴질지도 모릅니다. 신경 쓰지 마십시오. 그가 당신을 훼방 놓게 하지 마십시오. 그저 기다리십시오. 그 일이 일어나는 것은 확실하고 늦어지지 않을 것이기 때문입니다.

저의 오랜 친구 압둘라는 1933년에 이 교훈을 생생하게 전해주었습니다. 미국에 아주 짙은 불황의 그림자가 왔었습니다. 저는 당시 댄서였습니다. 먹을 것도 구하기 힘든 시절에 누가 댄서에게 돈을 지불하겠습니까? 모든 극장들이 문을 닫았고, 저는 할 일이 없어졌습니다. 그러다보니 바베이도스 섬에 있는 집에 가고 싶어졌습니다. 하지만 돈이 없었습니다. 정말 동전 하나 없었습니다.

압둘라에게 말했습니다.

"압, 바베이도스에 가고 싶어졌어요."

압둘라는 이렇게 대답했습니다.

"그렇다면 자네는 바베이도스에 있는 거네."

다시 물었습니다.

"제가 바베이도스에 있다고요?"

압이 말했습니다.

"그러네. 자네는 이미 바베이도스에 있네."

저는 당시에 이것이 무슨 뜻인지 알아듣지 못했습니다. 그런데 그 후에 압둘라가 말하던 것이, 만일 원하는 것이 있다면 이미 갖고 있다는 가정을 사실로 받아들여야만 한다는 것임을 알았습니다. 저는 바베이도스에 가고 싶었습니다. 그래서 그날 밤 바베이도스에서 잠에 들었습니다. 어떻게 그럴 수 있을까요? 저의 상상력 속에서 그렇게 했습니다.

제가 그곳에 있다는 것을 어떻게 알까요? 제 육신이 잠들어 있는 뉴욕시를 생각해봤을 때, 제가 그것을 남쪽 수천마일 떨어진 곳으로 인식하고 있었기에 제가 그곳에 있다는 것을 알 수 있었습니다. 밤마다 이것을 했습니다. 하지만 몇 달이 지나도록 제가 집에 갈 거라는 조짐은 보이지가 않았습니다. 그래서 압둘라를 찾아가 물었습니다.

"압, 제가 만약 다음 배를 타고 나가지 않으면(그때 당시에는 바베이도스로 가는 비행편이 없었습니다) 올해에는 바베이도스로 갈 수 없게 돼요."

그러자 압둘라가 말했습니다.

"자네가 바베이도스에 가게 될 거라고, 누가 그렇게 말했나? 자네는 바베이도스에 있네."

그리고는 자신을 따라오지 말라는 투로, 방문을 닫았습니다. 압둘라는 이런 식으로 가르쳤습니다.

다음날 아침 일어나보니 빅터 형에게서 온 편지가 문 밑에 놓여 있었습니다. 편지에는 이렇게 적혀 있었습니다.

"내가 선박회사에다, 너에게 승선권을 끊어주고 돈은 나에게 청구하라고 말해두었다. 동봉된 50달러는 오는 길에 필요한 것들을 사는 데에 쓰도록 해라."

저는 곧장 선박회사로 갔습니다. 그런데 그곳에서는 세인트 토마스항 까지는 3등 선실밖에 없어서, 세인트 토마스항까지는 3등 선실로 갔다가, 1등 선실로 갈아타야 할 거라고 말해줬습니다. 저는 그 사람들에게 감사인사를 하고 곧장 압둘라 집으로 와서 말했습니다.

"압, 정말 그 일이 일어났어요!"

그리고는 선박회사에서 일어났던 일을 말해주었습니다. 이걸 들은 압둘라가 뭐라고 했을까요?

"누가 자네보고 바베이도스에 갈 거라고 말했나? 자네는 바베이도스에 갔고, 일등석으로 갔네."

이런 분과 어떤 식의 논쟁이 가능하겠습니까? 12월 6일 아침에 배를 타러 갔습니다. 탈 준비를 마쳤을 때 어떤 사람이 말했습니다.

"고다드씨, 깜짝 놀랄 일이 있습니다. 취소된 표가 생겨서, 일등석을 타고 가실 수 있게 됐습니다."

압둘라는 놀라지도 않았습니다. 압둘라의 성격을 잘 아는 저는 그에게 전화조차 하지 않았습니다. 압둘라는 항상 제게 가르침을 주려고 노력했습니다.

"그대는 하느님을 믿고, 나를 또한 믿으라."

이것을 말하는 분은 하느님입니다. 당신 안에 있는 하느님입니다. 당신은 "저는 하느님을 믿습니다."라고 말할 수 있습니다. 하지만 당신의 경이로운 상상력도 믿습니까? 만일 하느님이라는 단어가 어떤 외부의 존재에 대한 인상을 불러일으켰다면 신에 대한 잘못된 관념을 지닌 것입니다. 당신이 바로 살아있는 하느님의 성전이고, 하느님의 혼은 당신 안에 거하고 있습니다.

만일 하느님이 내 안에 있다면 나는 그분이 누구인지, 그분이 어디에 있는지를 찾아내야만 합니다. 저는 그분이 저의 경이로운 상상력이란 것을 찾아냈습니다. 하느님은 당신을 실망시키지 않을 것입니다. 그런데 하느님의 힘이 법칙으로 왔을 때는 당신이 원동력입니다. 다시 말해 당신이 그 법칙을 작동시켜야만 합니다.

하지만 약속은 당신이 이 세상에서 어떤 삶을 살고 있는지는 관계없이 당신의 것입니다. 당신이 부자이든 가난하든, 판사이든 판결을 받고 있든, 살인자이든 희생자이든, 당신이 연기하고 있는 역할과는 관계없이 약속은 조건 지워지지 않습니다. 하느님은 인간이 되었을 때 자기 자신을 구원할 약속을 했습니다. 그리고 하느님은 이 약속을 지키고 있습니다. 약속은 당신이 이 세상에서 하는 일들로 조건 지워지거나 구속되지 않습니다.

유일하게 조건이 있는 것은 법칙입니다. 이 조건이란, 당신이 원하는 사람이라는 것을 담대하게 사실로 받아들이고, 이것에 믿음을 유지해야만 한다는 것입니다. 그러면 믿음은 현실로 이루어집니다. 만약 당신이 계속해서 믿음을 유지하지 못한다면 당신의 세상에 나타나지 않을 것입니다. 만일 당신이 이것을 기정사실로 받아들이지 못한다면 하느님의 힘이 법칙으로 나타났을 때에는 당신이 이 힘을 작동하게 하는 원동력이 되어야 하기 때문에 결코 현실로 나타나지 않을 것입니다.

법칙을 이해하고 적용하십시오. 이왕이면 잘 사는 것이 어떻습니까? 이왕이면 우아하게 사는 것이 어떻습니까? 친절하고 관대한 사람이 되는 것이 어떻습니까? 신사, 숙녀가 되는 것이 어떻습니까? 이런 것들은 이 세상을 사는 사람들이라면 누구에게나

커다란 성취들입니다.

법칙의 본질이 무엇인지 찾으려고 해보십시오. 당신은 자신을 속일 수가 없습니다. 법칙은 당신이 당신 자신을 속이려 하는 것을 용납하지 않을 것입니다. 당신은 당신이 지금 수확하고 있는 것을 보고는, 당신이 심었던 것이 나타난 것이라는 사실을 부정할지도 모릅니다. 하지만 우연하게 일어나는 일이란 없습니다.

"자신을 속이지 말라, 하느님은 조롱받지 아니하고, 심은 대로 거두게 되리라."

당신은 아침, 점심, 저녁 계속해서 자신이 심은 것을 수확하고 있는 중입니다.

내가 뿌렸다는 것을 기억하지 못하고 그 수확물이 내가 한 것이라는 것을 거부할지도 모릅니다. 하지만 그것은 분명하게 내가 뿌렸다는 것을 받아들여야만 합니다. 나는 아침 신문기사에 실린 사람들을 개인적으로 알지 못합니다. 그런데 이 기사를 읽고는 반응을 해버립니다. 그러면 반응은 하나의 씨앗을 심게 됩니다. 나는 내가 읽은 사람에 대해 판단을 했습니다. 신문의 가십들을 읽다보면, 당신은 판단을 하게 됩니다. 그러면 당신의 상상력이 한 반응들은 반드시 언젠가는 수확하게 될 씨앗들을 심게 됩니다.

저는 세상이 당신에게 어떻게 말하게 될지 신경을 쓰지 않습니다. 당신은 당신이 원하는 존재가 될 수 있습니다. 만일 세상 사람들이 당신을 원하고 있다고 받아들인다면 당신은 그렇게 될 것입니다.

저는 미국출신이 아니고, 이 땅에 어떤 클럽의 멤버도 아닙니다. 하지만 저는 제 자신에게 한계를 두지 않았기 때문에 많은 사람들에게 귀빈으로 초대되었습니다. 손님으로 들어갈 자격을 얻지 못한 경우는 결코 없었습니다. 스스로 당신 자신에게 한계를 두지 않는다면 세상의 어떤 곳도 갈 수 있습니다. 전적으로 당신에게 달린 일입니다. 당신 안의 하느님은 상상력이라 불리는 당신의 경이로운 존재입니다.

아침, 점심, 저녁 계속해서 상상력을 사용하십시오. 당신은 상상의 결실을 얻게 될 것입니다. 모든 것이 자라는 데에 한 달이 걸리거나 일 년이 걸리는 것이 아닙니다. 어떤 것은 하룻밤 사이에 나오기도 합니다. 이성과 감각이 거부하고 있지만, 당신은 이미 그 존재라는 것을 담대하게 믿음으로써 지금 이 순간 씨앗을 심을 수 있습니다. 그것을 느끼고, 그것에 실제의 느낌을 주신 후에 잊어버리십시오. 씨앗이 잘 자라고 있는지 살피기 위해 내일 아침에 다시 꺼내보지 마십시오. 그저 받아들이십시오. 그러면 가장 적절한 시기에 당신의 세상에서 싹터 나올 것입니다. 이것이 법칙입니다.

약속은 당신이 부자이든 가난하든 관계없이 당신의 것입니다. 하지만 이 시저의 세상에서는 시저가 요구하는 돈이 있어야만 합니다. 나는 내 삶에 대해 의무를 다해야만 합니다. 임대료를 지급해야 하고, 옷을 사야하고, 음식, 교통, 이런 것들 모두 시저의 동전으로 지급되어야만 합니다. 그래서 저는 이런 목적을 위해 법칙을 사용합니다.

저에게는 백만장자가 되고픈 생각은 없습니다. 하지만 자신의 의무를 다하지 못했을 때 사람들에게 찾아오게 되는 걱정이란 것은 없게끔, 안정적이고 고정적인 수입이 계속해서 들어와 안정적인 생활이 유지되기를 바랍니다. 그래서 저는 이런 목적을 위해, 그리고 저의 친구들을 위해 사용합니다. 어떻게 사용할까요?

편안한 의자나, 침대에 기댑니다. 자신이나 친구를 위해서 원하는 것을 생각합니다. 친구가 세상에 나타내고 싶어 하던 모습이 실제 된 것을 바라봅니다. 계속해서 나를 고양시키다보면 잠시 동안 무언가가 나에게서 빠져나가는 상태에 이르게 됩니다. 실제로 어떤 에너지가 빠져나가는 것과 같은 느낌을 받습니다. 이건 창조의 활동입니다. 그리고는 잊습니다. 이렇게 무언가 폭발하는 상태까지 도달했다면 상상의 창조활동을 반복할 필요가 없습니다. 이제는 이 씨앗이 그것 고유의 경이로운 방법으로 자라나, 스스로 모습을 드러낼 수 있게 놔두십시오.

저는 이것을 객관적 소망을 주관적으로 소유하는 것이라고 부릅니다. 당신은 당신이 되기 원하는 것을 제게 말합니다. 이것이 당신의 소망입니다. 이제 제가 할 일은 저의 주관세계에서 당신의 객관적인 소망을 소유하는 것입니다. 이것이 전부입니다.

요한복음 14장은 이렇게 말합니다.

"그대는 하느님을 믿으니, 또한 나를 믿더라. 왜냐하면 나와 내 아버지는 하나이기 때문이라. 나를 보는 자는 아버지를 보는 것이더라."

하느님은 당신을 세상으로 보냈고, 보낸 자와 보내진 자는 하나입니다. 하지만 세상에 있는 당신은 당신의 참자아, 즉 보낸 자보다 열등한 듯 보입니다. 그래서 당신은 이렇게도 말합니다.

"나와 나의 아버지는 하나이더라. 하지만 아버지는 나보다 더 위대하더라."

당신은 당신의 본질적인 존재인 아버지보다 열등하지 않습니다. 하지만 보내진 자의 영역에 있을 때에는 당신의 능력이 떨어집니다. 당신의 경이로운 상상력을 믿으십시오. 지금부터 시작하십시오. 바로 당신이 있는 그곳에서 시작하여, 당신이 원하는 곳만큼 멀리 가십시오. 스스로에게 한계를 두지 않는 한, 어떤 한계도 갖지 않습니다.

한계를 받아들이지 마십시오. 당신이 해야 할 일을 하십시오.

그 일이란, 어떤 씨앗이 뿌려졌는지에 따라 태어날 것이 결정되는, 이 불멸의 원리를 계속해서 적용하는 일입니다. 기억하십시오, 당신에게는 어떤 씨앗을 심을지에 대한 선택권이 있습니다. 좋은 씨앗이든, 나쁜 씨앗이든 심으십시오. 전적으로 당신이 선택합니다.

만약 돈을 원한다면 돈의 씨앗을 만드십시오. 하지만 그것과 사랑에 빠지지는 마십시오. 그저 누구에게서 어디로부터 나올 거라는 생각은 하지 말고, 자연스럽고 평범한 방식으로 주어질 것이라는 사실만 받아들이십시오. 결말로 가서 그것이 사실인 것처럼 사십시오. 감히 말씀 드리는데, 분명 현실이 될 것입니다.

하지만 당신의 모든 소망을 은총(부활한 당신에게 주어지는 하느님의 조건 없는 선물)에 쏠리게 하십시오. 이것은 당신 안의 예수 그리스도가 나타나는 것이고, 지금 이 순간에도 당신에게 다가오고 있습니다. 예수 그리스도는 주(Lord)와 주의 그리스도(Lord's Christ)입니다. 예수 그리스도는 하나의 이름이 아니고, 주는 예수를, 주의 그리스도는 다윗을 말합니다.

브라우닝이 다윗에 관해 썼던 시로 마무리하겠습니다. 사무엘 상권 17장에서 영감을 받아서 쓴 시입니다. 미친 왕 사울 앞에 청년 다윗이 섰습니다. 그리고 다윗은 그에게 말했습니다.

"오, 사울! 나의 얼굴과 같은 얼굴이 그대를 받아들일 것이고,

그대는 나와 같은 한 사람을 사랑하고, 영원히 사랑받게 될 것이고, 이 손과 같은 손은 그대에게 새 생명의 문을 열어줄 것이라. 그리스도가 서 있는 것을 보라!"

이렇게 말하고 있는 다윗은 누구입니까? 자신이 누구인지를 잊었던 우리 인류를 말합니다. 기억상실증이라 불리는 온전하지 않은 상태에 처한 우리들입니다. 우리는 우리가 하느님이라는 것을 잊었기에, 우리는 사울입니다.

이런 의식 상태에 있는 우리는 미쳤다고 말해지고, 정신 이상이라고 말해집니다. 그러다가 그리스도가 우리 앞에 나타납니다. 그의 이름은 다윗입니다. 그는 말했습니다.

"나의 얼굴과 같은 하나의 얼굴이 그대를 받아들이리라. 그대는 나와 같은 한 남자를 영원히 사랑하게 될 것이고, 사랑받게 되리라. 이 손과 같은 하나의 손이 그대에게 새 생명으로 가는 문들을 열 것이라. 그리스도가 서 있는 것을 보라!"

저는 이렇게 말하겠습니다. 당신이 "고대부터 계신 분(the Ancient of Days)"을 볼 때 그의 몸과 하나가 될 것입니다. 그분은 당신을 감싸 안을 것이고 당신은 그 고대부터 계신 분과 하나의 몸, 하나의 혼이 될 것입니다.

저는 예술가가 아닙니다. 하지만 당신이 다윗을 보게 될 때 그는 고대부터 계신 분의 모습을 했다는 것을 알 것입니다. 그러면서도 그는 영원한 젊음의 모습입니다. 다윗은 자신의 아버지를 봅니다. 다윗은 자신의 아버지의 모습입니다. 다만 젊은 모습입니다. 그리고 고대부터 계신 분(Ancient One)과 하나가 된 당신은 하느님 아버지입니다. 이것이 다윗이 왜 당신을 자신의 아버지로 인식하는지에 대한 이유입니다.

이것은 하느님이 인간들에게 내리는 마지막 계시입니다.

"많고 다양한 방법들로 하느님은 예언자를 통해 우리의 선조들에게 이야기를 해오셨으나, 이 마지막 날들에는 하느님이 그의 아들을 통해 우리에게 말씀하시더라."

이때 당신은 마지막 순간이 왔다는 것을 알게 될 것입니다. 당신은 완전히 다른 세계에서, 하지만 만물 안에 깃들어 있는, 고대부터 계신 분이 됩니다.

씨앗은 그것 안에 스스로를 펼쳐낼 힘과 계획을 담고 있기 때문에 욕망은 씨앗에 비유된다.
의식은 그 씨앗을 품고 있는 토양이다.

원하는 모습이 되었다고 주장하라.
갖기 원하는 것을 가졌다고 주장하라.

그런 후에 믿음을 지니고 근심에서 벗어나 결과를 기다릴 때에만 이런 씨앗들을 토양에 심을 수 있다.
의식은 생명이 스스로를 드러내는 문이다.
그것은 항상 스스로를 바깥세상에 나타내고 있다.
내가 어떤 존재라 인식하고,
어떤 것을 가졌다고 인식하는 것은
그렇게 인식한 것 그대로,
모습이 되어 나타나고 소유하게 된다.
그러니 그대의 욕망이 성취된 곳까지 자신을 들어 올리라.
그러면 그때 그대는 자동적으로 그대의 의식이
그것 스스로를 외부에 그려내는 것을 보게 될 것이다.

[믿음으로 걸어라] 중에서

KEEP THE SABBATH
안식일

만일 네게 1달러뿐인데 이걸 써야 할 필요가 있다면,
끝도 없는 숲을 가진 자가
말라버린 잎사귀 한 장을 쓰는 것처럼 해

"하느님이 자신이 만들었던 만물을 보니, 매우 좋았더라. 그리고 일곱째 날에 하느님은 자신이 하던 일로부터 쉬시더라.."

우리들은 이 일곱째 날을 지켜야 한다고 합니다. 이것은 하느님이 하는 창조행위의 일부입니다. 제가 방금 인용했던 구절을 쓴, 알려지지 않은 작가는 안식일과 하느님의 창조행위를 연관지었습니다. 안식일이 없다면 창조도 존재하지 않습니다.

"일곱째 날은 그대의 하느님인 주의 안식일이고, 그것 안에서 그대는 더 이상을 일을 해서는 안 되더라."

이것은 창조행위입니다.

십계 중 하나가 상상에 관한 이야기로 다뤄진다면 다른 십계의 계율들도 같은 식으로 다뤄져야만 합니다. 구약은 한 사람 한 사람 모두에게서 일어나게 되는 일들을 예언한 것이고, 우리의 신약 안에서 완성됩니다. 신약이 구약을 해석하는 역할을 하지, 구약이 신약을 해석하지는 않습니다. 그래서 신약이 없이는 구약을 이해할 수 없습니다. 때가 무르익었을 때 하느님은 우리 안에서 자신을 펼쳐낼 것이고, 우리는 신약으로 알려진 것을 가지게 됩니다.

신약에서는 십계 중 하나가 잘 설명되어 있습니다.

"그대는 간음하지 말라, 내가 그대에게 말하니, 여인을 음탕하게 쳐다보는 자는 그의 마음 안에서 이미 간통을 저지른 것이더라."

즉, 당신이 그 일을 육체적으로 저질렀든 관계없이, 그 행위를 상상하고 욕망했다면 이미 저지른 것과 같다는 뜻입니다. 이것은 산상수훈에서 우리에게 주어진 십계 중 하나입니다.

우리는 안식일을 지켜야 할 의무가 있고, 안식일에는 더 이상 일을 해서는 안 된다고 합니다. 그렇다면 안식일이란 무엇입니까? 무엇보다 하느님은 창조하면서도 보이지 않는 존재입니다. 하느님은 보이지 않는 것을 마치 보이는 것처럼 부릅니다. 그리고는 안식일을 지키자, 보이지 않는 것이 보이게 됩니다. 오직 안식일을 지킬 때에야 내면에 있는 것이 외부로 나타납니다. 안식일은 창조행위의 일부입니다.

나는 내가 원하는 모습으로 하나의 장면을 상상합니다. 완벽합니다! 이것이 진실이라면 아름답지 않겠습니까? 자, 이제 안식일을 지킬 수 있습니까? 애석하게도 우리는 아침, 점심, 저녁, 밤 계속해서 안식일을 어깁니다.

금요일 저녁이면 정통파 유대교도들은 모여서 안식일을 지키고, 일요일이면 수백만의 기독교인들은 "소위" 안식일이라 불리는 것을 지킵니다. 하지만 그들은 안식일을 지키는 것이 아닙니다. 다음의 말에 귀 기울여 보십시오.

"이전에 그대가 하느님을 몰랐을 때 그대는 속성상 신들이지 않은 존재 속에 갇혀 있었더라.. 하지만 이제 그대가 하느님을 알게 되니, 아니 오히려 하느님이 그대를 알게 되니, 그대가 어찌 예전으로 되돌아갈 수 있겠는가? 그대는 날들과 달들과 절기들과 해를 지키니, 내가 그대들을 위해 노력한 것이 헛된 것이 되지 않을까 두렵더라."

우리는 안식일을 지킨다고 생각합니다. 제가 다니는 이발관에는 매우 선량한 구두닦이 소년이 있는데 교회에서 집사를 맡고 있습니다. 그에게 "어떻게 지내니?"라고 물으면, "일요일은 교회에서 하루 종일 보내요. 한 교회에서 다른 교회에 갔다가 집에 가면 6시 30분이 넘어요." 이 소년은 그렇게 자신이 안식일을 지키고 있다고 생각합니다.

제 누이도 일요일이면 교회를 가면서 안식일을 지킨다고 생각합니다. 제가 어렸을 적에는 안식일이면 하지 못하는 일정한 것들이 있었습니다. 저는 일요일에는 왈츠를 추어 돈을 벌고 싶었는데 일요일에 춤추는 것이 법으로 금지되어 있었습니다. 필라델피아도 마찬가지였습니다. 뉴욕에서는 일요일이면 오후까지 야구를 하지 못하게 했습니다. 그래야 사람들이 오전에 교회에 갈 수 있기 때문입니다. 술집도 1시까지는 열지 못하게 했습니다. 이런 말도 안 되는 것을 하는 사람은 누구입니까? 이것이 안식일입니까?

이 어떤 것도 안식일과 조금의 관계도 없습니다. 만일 당신이 성경에서 말하고 있는 것을 제대로 이해하기만 한다면 성경이란 것이 세상에서 가장 실용적인 책이라는 것을 알게 될 것입니다.

"일곱째 날은 주, 당신의 하느님의 안식일이더라."

여기서는 주라고만 말하지 않고, 주, 당신의 하느님이라고 말했습니다. 그리고 안식일에는 더 이상 어떤 일도 하지 않아야만 한다고 말합니다.

친구가 제게 편지를 보내왔습니다. 그녀는 이렇게 적었습니다.

저는 집을 내놨어요. 이 집을 팔고 싶은 마음은 아주 간절했어요. 저는 이 상상의 힘을 여러 번 사용해서, 상상이 현실이 되는 것을 경험했기 때문에 지금은 상상력을 사용한다는 것이 쉽게 느껴졌어요. 그래서 저는 제 소망이 실현된 것을 나타내는 상상의 결말 속으로 들어가서 그곳에서 안식을 취하는 것을 점점 더 쉽게 할 수 있었죠. 하지만 집에 대한 상상에 있어서는, 사는 사람이 누가 될 지 궁금해 하면서 계속해서 결말에 가 있지 않고 돌아와 있게 되더라고요. 누가 구매하게 될지에 대한 생각을 멈출 수 없었는데 이것을 통해 제가 결말에서 안식을 취하지 못하고 있다는 것을 깨달았죠. 제가 만약 결말에 가서 이 집이 팔렸다면 왜 자꾸 누가 살지에 대해 생각했겠어요? 저 스스로에게 던지고 있는 이런 질문은 제 상태에 대한 고백이었어요. 제가 결말에 있지 못하다는 그리고 그 상태에서 쉬고 있지 못하다는 고백이죠.

그리고 그녀는 하룻밤사이에 서로 연관된 세 가지 꿈을 꾸었습니다.

첫 번째 꿈은 그녀가 차를 몰고 자신의 집으로 가는 꿈이었습니다. 어디선가 목소리가 들렸습니다.

"여기서 무엇을 하고 있습니까? 당신이 원했기에 그 집은 이미 팔렸습니다."

그녀는 꿈속에서 약간 불편한 느낌을 받았습니다. 집이 이미 팔렸는데 자신이 그 집으로 가고 있다면, 이것은 의심할 여지없이 자신의 걱정 때문입니다.

꿈은 그녀가 밥을 하고 있는 장면으로 바뀝니다. 그녀는 밥이 빨리 되기를 간절히 바랍니다. 그래서 준비될 때까지 서서히 요리하지 않고, 물이 담긴 솥에 넣은 후 불을 아주 세게 올리고는, 바로 밥이 되기를 바랐습니다. 그러자 눈앞에 밥이 완성되어 나타났습니다. 밥 알맹이를 먹어봤더니 딱딱하고 맛이 없었습니다. 엉망진창이었습니다.

그 다음에는 리마콩 음식을 준비하는 꿈을 꾸었습니다. 이번에는 여유롭게 기다렸습니다. 이것들을 푹 담가, 불어터질 때가 되었을 때 솥에 넣고 약한 불로 끓였습니다. 만일 하루 종일 걸린다 해도 시간이 많고 바쁠 것도 없으니까, 그래도 괜찮다고 생각했습니다. 이제 음식을 보니, 콩은 완벽하게 조리가 되었고, 이보다 더 맛있는 콩은 없을 거라 생각될 정도로 대단했습니다. 그리고는 리마콩과 밥을 함께 놓고 비교해보자, 콩은 아주 맛있었던 반면, 밥은 맛이 없었습니다. 그녀는 이것들을 보면서 이렇게 말했습니다.

"정말 이상하네. 이것 둘 모두 똑같은 시간이 걸린 듯하네."

하나는 아주 여유롭게 준비했고, 다른 하나는 조급한 마음으로 빨리 되기를 바랐었는데 결국은 같은 시간이 걸렸습니다.

당신의 경이로운 IAmness이자, 당신 안의 아버지인 하느님은 꿈이라는 매개체를 통해서 당신에게 말을 걸어옵니다. 그분은 당신에게 길을 가르쳐줍니다. 당신이 지금 무엇을 하고 있는지를 보여주면서 당신이 그걸 보게끔 하고, 어떻게 그것을 바로잡을지 알게 해줍니다.

팔아야 할 집이 당신에겐 있습니다. 당신은 집이 팔렸다는 결말로 가서, 사람들이 그 집에 살면서 행복해하는 것을 보았습니다. 이것으로 집은 팔린 것입니다. 하지만 당신은 일상에서 안식일을 지키지 않고 있었다는 것을 발견했습니다. 안식일은 창조행위의 일부이기 때문에 성서에서는 안식일을 지키는 사람에게 경이로운 약속을 해놨습니다.

모든 것이 하느님에게 가능합니다. 저는 당신 안에 있는 하느님을 말하는 중입니다. 어떤 공간, 어떤 시대에 살았던 하느님을 말하는 것이 아닙니다. 당신을 하느님으로 만들기 위해 당신이라는 인간이 되었던 하느님, 그 유일한 하느님에 대해 저는 말하고 있는 중입니다. 유일한 하느님인 바로 그 하느님에 대해 말하고 있습니다. 그분은 당신의 경이로운 상상력으로서, 당신 안에 있습니다. 여기에 창조행위가 있습니다. 그리고 십계에 대한 교훈은 상상력에 대한 관점에서 바라봐야만 합니다.

당신은 간음을 저질렀습니다. 지나가는 사람에게 옷을 벗기고 싶다는 마음을 먹었던 적이 없습니까? 남자이기에 저도 분명 그렇게 했습니다. 그런데 저뿐만 아니라, 사람들 모두 그러했다고 말합니다. 모든 남자들, 모든 여자들 모두 그러합니다. 우리는 모두 십계의 규율을 어겼고, 우리는 모두 안식일을 어겼습니다.

만약 내 마음을 차지하고 있는 소망이 집을 파는 것처럼 현재 나를 압박하는 것이 아니라면 다음의 이야기처럼 멋지게 안식일을 지킬 수도 있을 것입니다. 한 남자분이 편지로 다음의 이야기를 들려주었습니다.

아들이 2살이었을 때 그분과 아내는 아이를 동부에 있는 필립스 엑시터 사립초등학교에 보내는 것에 대해 이야기했습니다. 저도 그 학교에 직접 가본 적은 없지만 알고는 있습니다. 아주 대단한 사립초등학교라고 들었습니다. 남편과 아내는 재정적으로 생각해봐도 너무 무리라 생각해 '과연 그런 일이 일어날 수 있을까?' 하는 생각에만 그쳤습니다. 이건 거의 11년 전의 이야기였습니다. 11년 동안 이것에 대해서는 한 번도 생각해본 적이 없었습니다. 아이는 여기 로스앤젤레스에서 공립학교를 다녔는데, 매우 똑똑하고 이상적인 모습이었습니다.

그는 어제 한 통의 편지를 받았는데, 아들에게 필립스 아카데미 앤도버 장학금을 제안하는 내용이었습니다. 그가 한 일이란, 11년 전에 이것에 대해 이야기를 하고 안식일을 지킨 것뿐이었습니다. 이건 자신을 압박하는 일도 아니었기 때문에 더 이상 아무것도 하지 않았습니다. 하지만 일정한 시간이 되었을 때 갑자기 자신의 세상에 모습을 드러냈습니다. 외관상으로는 갑자기 일어난 것처럼 보이지만, 실은 보이지 않는 수면 아래에서 연속된 무언가가 그제서야 모습을 드러낸 것뿐입니다. 이건 어떤 압박도 없이 멋지게 그 안에 심어졌습니다. 무르익는 데에 11년이란 시간이 걸렸지만, 아이는 이제 이 나라에서, 아니 어쩌면 이 세상에서 가장 좋은 사립학교 한 곳에서 장학금을 받게 되었습니다. 안식일을 무의식적으로 지켰던 사례입니다.

앞서 자신의 꿈 이야기를 해줬던 그 여성분은 안식일을 지키지 못했습니다. 하지만 그녀는 자신이 안식일을 어겼다는 것을 알아챘습니다. 그녀의 존재 깊은 곳에서 그녀가 지금 안식일을 지키지 않고 있는 중이며 이것을 어떻게 바로잡아야 하는지에 대해 알려주었습니다. 두 가지의 요리를 했었는데, 하나는 여유 있게 기다렸고, 다른 하나는 곧장 다 되기를 원했습니다. 그대로 두십시오. 여유를 가지십시오. 완벽하게 요리되었던 리마콩처럼, 애쓰지 않고 그것 스스로 이루어지게 놔둔다면 완벽하게 될 것입니다. 맛없고 딱딱했던 밥을 통해 본 것처럼, 당신이 애를 써서

억지로 하려 한다면 온갖 어려움과 불편함을 겪게 될 것입니다.

당신은 창조행위를 보고, 그것이 완벽하다고 판단합니다. 당신이 세상에서 원하는 것이 무엇이든지, 당신 안의 하느님이 이 광활한 우주 전체를 창조한 것과 같은 방식으로 창조됩니다. 저는 두 가지의 신에 대해 말하지 않습니다. 제가 당신 안의 하느님이라고 말할 때면, 이 광활한 우주 전체를 창조하고 유지하고 있는 하느님을 말하고 있는 것입니다. 오직 한 분의 하느님만이 있습니다.

"들어라, 오, 이스라엘아! 주, 우리의 주 하느님은 한분이더라."

오직 하나입니다. 둘이 아닙니다. 그분은 "보이지 않는 것을 마치 보이는 것처럼 불렀더니, 보이지 않는 것이 보이게" 되었습니다.

인간 안의 하느님은 같은 일을 합니다. 나는 성공하기를 원합니다. 그러면 나는 이것이 현실이 되었다면 어떻게 될지에 대한 생각을 해봅니다. 그리고는 이것이 현실이 된 것을 나타내는 장면 하나를 떠올립니다. 이 상상의 상태가 현실이라는 것을 받아들이고, 안식을 지킵니다. 안식이 지켜지지 않는다면 창조행위는 완벽하게 이루어진 것이 아닙니다.

저의 집 창밖에 있는 새 둥지에는 한 쌍의 비둘기가 살고 있습니다. 비둘기들은 둥지 안의 알들에게 아무 문제가 없을 것이라고 믿으면서 종종 밖에 나갔다옵니다. 어느 날 알은 깨지고, 작은 새들이 세상 밖으로 나옵니다. 이것처럼 당신과 저도, 원하는 상태가 무엇인지 관계없이, 확신 속에서 그저 하나의 상태를 상상하고 마음속에서 떠나보냅니다.

어쩌면 당신은 "내가 오늘 밤 죽는다면..."이라고 말할지도 모릅니다. 감히 말씀 드리는데, 죽음이란 없습니다. 왜 사람들 모두가 이 세상에서 태어났을 때 각자 다른 위치에서 시작하는지 궁금하진 않았나요? 그 이유는, 바로 이곳이 진짜 시작이 아니기 때문입니다. 당신은 당신 어머니의 자궁에서부터 시작한 것이 아니고, 무덤에서 끝을 맞이하는 것도 아닙니다. 만일 세상 사람들이 죽음이라 말하는 것을 제가 겪게 된다 하더라도, 저는 죽는 것이 아닙니다.

"죽음도 높음도, 그 어떤 것도 나를 하느님의 사랑으로부터 떼어낼 수 없더라."

그 어떤 것도 영원히 하느님의 사랑과 나를 떼어낼 수 없습니다.

이제 저는 제 자신에게 이렇게 말하고 있습니다.

"당신이 그것을 사랑하지 않았다면 당신은 어떤 것도 결코 만들지 않았을 것이다."

지혜의 서에 나와 있는 내용입니다. 당신이 사랑하지 않았다면 어떤 것도 만들지 않았을 것입니다. 그리고 어떤 것도 나를 하느님의 사랑에서 떼어낼 수 없습니다. 아버지가 창조하는 것처럼 이곳에서 창조하기 위해서, 그리고 결국에는 내가 아버지로서 깨어나기 위해 나는 이곳에 있습니다.

어쩌면 오늘 밤, 상상 속에서 열심히 현실로 보았던 것이, 현실이 되지 못한 채 이 세상을 떠나게 될 수도 있습니다. 하지만 나는 반드시 그 일을 이룰 것이기 때문에 문제가 되지 않습니다. 이 세상과 같이 단단하고 실제인 세상에 내가 있는 것을 발견하게 될 것입니다. 그리고 그 세상에서 내 꿈들 모두를 이루게 될 것입니다. 안식일을 지켜낸 것들 모두를 실현하게 될 것입니다.

당신이 하느님을 알지 못했을 당시, 그때의 당신이 생각했던 방식으로는 십계를 이해하지 못합니다. 갈라디아서 4장의 이야기를 주의 깊게 들으십시오.

"예전에 그대가 하느님을 알지 못했을 때 그대는 본성적으로 신들이 없는 존재에 속박되었더라."

저 하늘의 별들과 원숭이 뼈와 같이 하느님 외부의 것들에 기대게 되는 것을 말합니다. 제가 위안을 찾기 위해 이런 것들에 기댄다면 전 하느님에게는 등을 돌리고 있는 것입니다. 하느님을 알지 못했을 때 전 제게 위안을 주고 있는 세상의 것들을 보며 의지했지만, 이제 하느님을 알게 된 후로는, 아니 하느님이 저를 알아준 후로는 예전처럼 외부의 것들에 의지하던 때로 돌아갈 수 없습니다.

때때로 우리는 뒤를 돌아볼 때가 있습니다. 어떻게 우리는 뒤를 돌아봅니까? 우리가 형식적으로 날들과 달들과 해를 지킴으로써 그렇습니다. 우리는 형식적으로 날들을 지키고, 달들을 지키고 있습니다. 지금 사순절 절기에 사람들은 이런 저런 것들을 포기하기 때문입니다. 제 매형은 피클을 먹는 것을 포기했습니다. 작년은 1년 내내 지켜야 하는 기독교에서 지정한 해였습니다. 이렇게 우리는 날들이며, 달들이며, 절기며, 해며, 우리가 숭배하는 것들 모두를 지키고 있습니다.

이런 것을 지키고 있다면 그가 누구인지 관계없이, 하느님을 알지 못하는 자라는 것을 보여줍니다. 그가 교황이라고 불리든, 대주교라 불리든, 바닥을 청소하는 사람으로 불리든, 날과 달과 절기와 해를 지킨다면 그들은 유일한 하느님을 알지 못하는 자입니다. 바울이 갈라디아인들에게 보내는 편지 4장에는 명확하게 나옵니다.

내가 안식일을 정말 어겼을지라도 안식일을 다시 지킬 기회가 주어집니다. 앞서 여성분은 안식일의 약속을 깼습니다. 하지만 하느님은 자애의 하느님입니다. 제가 세상에 나오지 않고 계속 순수한 상태로만 있었다면 자애의 하느님과 같은 것이 있다는 것을 결코 알지 못했을 것입니다. 저는 하늘나라에 계신 제 아버지에게서 나왔었기 때문에 저도 그분처럼 순수해질 것이란 것을 압니다.

"그대는 분명 신성하다. 왜냐하면 주, 그대의 하느님인 내가 신성하기에."

당신은 이것에서 달아날 수 없습니다. 왜냐하면 주, 그대의 하느님인 내가 신성하기 때문입니다.

산상수훈에서 이렇게 말해집니다.

"하늘나라에 계신 당신의 아버지가 완벽한 것처럼, 그대도 완벽해질 것이라."

나는 이 완벽함, 이 신성함이 반드시 나올 것이란 것에 의심이 없습니다. 왜냐하면 이 선언처럼 나에게는 잠재적인 씨앗이 있기 때문입니다. 나에게는 하느님처럼 되는, 하느님과 하나가 되는, 잠재적 씨앗이 있습니다. 하늘나라에 계신 당신의 아버지가 완벽한 것처럼 당신도 분명 완벽하다고 말하지 않습니다. 예수가 저 선언을 할 때에는 아직 그렇지 못하다고 고백합니다. 하지만 그는 나에게, 나는 완벽하게 되는 가능성을 가지고 있다고, 그래서 하느님이 되는 씨앗이 있다고 말해줍니다.

레위기에서는 이렇게 말합니다.

"그대는 분명 신성하다. 주, 그대의 하느님인 내가 신성하기에."

이것은 하나의 약속입니다. 나는 상상을 했지만, 안식을 깼습니다. 안식을 깼기에 나는 다시 돌아옵니다. 그런데 하느님은 자비롭습니다. 그분은 내가 지금 무엇을 하고 있는지를 꿈을 통해 정확하게 보여줍니다. 하느님은 내게 말을 합니다.

"여기에서 무엇을 하고 있습니까? 집은 이미 팔렸습니다!"

그리고는 왜 집이 팔렸는지 덧붙입니다.

"당신이 그것을 원했기 때문에!"

욕망은 성공의 시발점입니다. 나는 성공을 원합니다. 그렇다면 이것은 행동의 시발점입니다. 나는 욕망합니다. 하느님의 이름이 무엇이라고 했나요? I AM입니다. 이것이 바로 그분의 이름입니다. 나는 성공하기를 원합니다. 성공의 상태를 창조하라고 나에게 요구하고 있는 것은, 내 안의 하느님입니다. 그래서 나는 마음속에서 이것을 창조하고 완벽하다고 판단합니다.

당신은 아름다운 집을 창조합니다. 이것을 당신의 마음의 눈으로 보세요. 하지만 이것을 지을 돈이 당신에게는 없습니다. 그래도, 현실이 된다면 정말 멋지지 않겠습니까? 자, 이제 안식을 지키고, 돈에 대해서는 신경 쓰지 마십시오. 이것을 이루는 데에 무엇이 필요한지, 어떻게 이것이 나오게 되는지는 문제되지 않습니다. 그냥 안식일을 지키십시오. 현실로 나타날 것입니다. 당신은 이것이 현실이 된 세상 안에 살게 될 것입니다. 그리고는 언젠가 이것에 싫증이 날 것이고, 나뭇잎 한 장처럼 놓아버릴 것입니다.

친구는 제게 아주 멋진 말을 해줬습니다.

"만일 네게 1달러뿐인데 이걸 써야 할 필요가 있다면, 끝도 없는 숲을 가진 자가 말라버린 잎사귀 한 장을 쓰는 것처럼 써!"

이런 식으로 사십시오. 마치 이것이 사실인 것처럼 말이죠. 당신이 어마어마한 숲을 가지고 있는데, 한 장의 말라버린 잎사귀를 사용하는 것처럼 그렇게 쓰십시오. 그러면 이 숲에서 잎사귀가 우수수 떨어지는 것처럼, 돈도 당신에게 오는 것을 보게 될 것입니다. 하지만 당신이 이것 한 장을 꽉 잡고 있다면 하느님의 풍요와, 무한하게 만들어낼 수 있는 하느님의 능력을 믿지 못하는 것과 같습니다.

하느님은 창조자입니다. 하느님은 세상을 창조한 후에 그냥 깊은 잠에 빠진 채 쉬고 있지 않습니다. 내가 상상할 때마다 하느님은 활동을 합니다. 만약 내가 두려워한다면 그 두려움도 하느님의 활동이 되어 버립니다. 왜냐하면 하느님은 나의 상상의 활동이기 때문입니다. 내가 상상을 할 때마다, 이 상상의 활동은 하느님이 활동하는 것입니다. 이렇게 말해집니다.

"이스라엘을 보고 있는 그분은 꾸벅꾸벅 졸지도, 잠에 들지도 않더라."

하지만 내가 창조하고, 완벽하다고 판단했던 것에 대해 휴식의 시간이 있어야만 합니다.

"하느님이 창조했고, 그것이 좋다고 보았고, 정말 좋았더라. 그리고 하느님은 일곱째 날 그분이 했던 그분의 모든 일에서 쉬었더라."

내가 부르지 않으면 어떤 것도 내게 다가오지 않습니다. 내가 지금 당장 필요로 하든, 아니면 먼 미래에 필요로 하든, 나는 내가 안식을 지켰던 것만을 만날 뿐입니다. 안식은 하느님 창조행위의 하나의 조건이기 때문입니다. 그러나 정작 이 일이 현실이 되었을 때 내가 했던 상상과는 관련성을 연결 짓지 못할지도 모릅니다. 하지만 내가 상상하고 안식을 취한 것이 아니라면 어떤 것도 다가올 수 없습니다.

내 비서였던 잭 버틀러는 1946년에 죽었습니다. 그는 윌리엄 랜돌프 허스트가 쓴 "황색공포(Yellow Peril)"에 기반한 악몽을 자주 꾸곤 했습니다. 이걸 즐겨 읽으면서, 일본인들이 저 만을 건너 헤엄쳐 오는 것을 믿으면서 보곤 했습니다. 물론 우리는 일본과 전쟁을 치렀습니다. 잭은 허스트가 진실을 말하고 있다고 확신했습니다. 아닙니다. 허스트는 신문을 팔았던 것입니다. 그는 끔찍한 헤드라인을 뽑았고, 사람들은 그것을 사서 읽고, 믿은 것입니다. 이것은 모두 광고 수익을 올리기 위한 것이었으며, 모든 언론이 그렇습니다.

그런데 당신은 정말 중요한 것에 대해 안식을 지켰으면 합니다. 그 중요한 것이란 하느님의 약속을 말합니다. 저는 당신이 하느님에 대한 약속에 대해 안식을 지키기를 바랍니다. 하느님의 약속은 당신이 다시 태어나게 될 것에 대한 약속입니다. 당신은 분명 다시 태어납니다. 요한복음 3장에서는 이렇게 말합니다.

"그대가 다시 태어나지 않는다면 하늘나라의 왕국에 들어갈 수가 없더라."

이것은 새로운 세상입니다. 사람들이 당신에게 죽었다고 말할지라도 당신은 죽지 않고 당신이란 존재는 계속될 것입니다.

'반드시 부활한다.'는 하느님의 불멸의 약속에 대해 안식을 취하십시오. 어떻게? 하느님은 당신 영혼의 깊은 곳 안에서 이 약속을 지키고 있는 중입니다. 받아들이십시오. 당신이 감옥에 있거나, 설사 사람들이 보기에 끔찍한 일을 겪고 있더라도, 반드시 다시 태어난다는 이 약속에 대해 안식을 계속 지키십시오. 나는 다시 태어나게 될 것입니다. "나는 다시 태어나게 될 것이다."는 것을 받아들이면서 맹렬하게 나아가십시오.

아주 많은 사람들이, 약간의 외부적 변화를 겪고는 자신이 다시 태어났다고 생각하기도 합니다. 지난 일요일, 뉴욕 타임즈에는 한 남자의 이야기가 실렸습니다. 침례교도인 남자는 침례교회에 침입했다는 이유로 붙잡혀 7년 형을 선고받았습니다. 그 교회의 원로들의 말로는, 이 남자가 붙잡히던 날에 세례를 받았다고 합니다. 이 남자는 세례를 받던 중, 큰 이득이 생길 기회를 엿보게 됐고, 그날 밤 교회에 침입한 것입니다. 사람들은 세례를 어떤 큰 의미가 있는 것으로 생각합니다. 하지만 형식적인 세례는 실제 세례와는 아무런 관계가 없습니다.

오직 하나의 세례만이 존재할 뿐입니다. 그것은 성령에 의한 세례입니다. 즉, 당신이 깨어난 주(Risen Christ) 앞에 서게 되고, 그분이 당신을 감싸 안을 때 일어나는 성령세례입니다. 당신은 그분의 몸과 합쳐지게 되어, 그리스도의 몸과 하나가 됩니다. 당신이 이 일을 겪고 난 후에도, 세속의 유한한 시선을 지닌 세상 사람들은 그렇게 깨어난 주와 하나가 된 당신의 몸을 여전히 알아보지 못합니다. 그들은 그저 예전에 봐왔던 당신이 두르고 있는 육신의 의복을 볼 뿐입니다. 하지만 당신은 깨어난 자와 하나가 된 몸 안에서 잠들고, 그 몸 안에서 깨고, 그 몸 안에서 걸어갑니다. 당신이 아프더라도, 당신이 이렇더라도, 저렇더라도, 당신의 진짜 몸은 깨어난 주의 몸입니다.

유한의 눈으로는 볼 수 없습니다. 하지만 당신은 이것을 보고, 느끼고, 당신이 진정 누구인지 압니다. 이것이 세례, 즉 성령에 의한 세례입니다. 그 후에 당신은 깨어난 주의 일련의 사건들 전부를 겪습니다. 다시 말해, 태어남, 부활, 아버지와 아들의 관계의 발견을 겪습니다. 예수 그리스도에 관한 모든 것을 겪습니다.

이제, 이 약속에 관해 안식을 지키십시오. 그러면 앤도버에 들어갈 자격이 생긴 아이의 아버지에게 장학금 제안이 갑자기 들어온 것처럼, 이 일도 갑자기 당신에게 일어날 것입니다. 이 세상에 우연히 생기는 것은 하나도 없습니다. 모든 것 뒤에는 하나의 법칙이 존재합니다. 일어난 일 모두는 어딘가부터 시작됐었고, 누군가 그것에 관해 안식을 지켰던 것입니다. 수정된 알이 부화하는 데에 필요한 시간 동안 쉬지 못하고, 그 사이에 깨버린다면 병아리는 껍질을 깨고 나오지 못합니다. 아주 멋진, 완벽하게 수태가 이루어진 생각을 갖고도 안식에 들지 않는다면, 수정된 알에 금이 간 것과 같습니다. 이러면 알은 썩고 맙니다.

가장 영광된, 가장 고귀한 꿈을 꾸십시오. 그리고 완벽하다고 생각한 그 상태에 대해 안식을 취하십시오.

"하느님께서 자신이 만드셨던 모든 것을 보았더라. 그리고 보니, 그것들이 매우 좋았더라. 그리고 하느님은 자신이 했었던 자신의 일들 모두로부터 일곱째 날 쉬었더라."

일곱째 날인 "안식일(Sabbath)"은 성서에서 신성한 완벽함을 뜻합니다. 안식은 "그만두는 것, 중지하는 것, 끝나는 것"을 의미합니다. 저는 항상 결말에서부터 시작합니다. 결말은 그것이 이루어지는 방법을 스스로 모색해줍니다. 하지만 그러기 위해서는 그 마지막에서 휴식을 취하고 안식을 취해야만 합니다.

시편의 처음은 안식을 지킨 자에게 주는 '은총과 축복의 기도'

로 시작됩니다. 안식은 창조행위의 일부분이고, 안식의 상태에서는 더 이상 아무것도 할 수 없습니다. 당신은 일을 끝마쳤고, 이때 완전한 안도의 느낌을 받습니다. 세상의 모든 기쁨들 중에서 안도라는 것은 가장 두드러지게 느껴지는 감각입니다. 당신은 창조행위를 하고, 절정에 이르게 되면, 이 후에 안도의 감정을 느끼게 됩니다. 그것이 이루어졌기에 더 이상 어떤 행위도 계속할 수 없습니다.

자, 절정에 다다른 후에 안식을 지킬 수 있겠습니까? 당신은 마음의 눈으로 이루어진 것을 명확하게 보았습니다. 당신의 꿈이 이루어진 것을 나타내는 하나의 장면을 만들었고, 완전히 폭발하는 곳까지 다다른 후에 놓아버립니다.

당신이 잉태를 시켰다면, 더 이상 해야 할 일은 없습니다. 이제 아버지의 일을 하십시오. 다시 말해, 앞서 밥을 요리할 때 신경을 써가면서 조급하게 기다렸던 것처럼 하지 말고, 리마 콩 요리처럼 아주 느긋한 마음으로 다른 소망을 창조하는 일을 하십시오. 그러면 신경을 곤두세우며 밥을 하는 것과는 비교할 수 없을 정도의 놀라운 결과가 일어납니다.

우리는 모두 아버지에 의해 창조됐습니다. 우리의 아버지는 창조주이고, 무(無)에서 만물을 창조합니다. 그분은 보이지 않는 것을 마치 보이는 것처럼 불렀고, 그리고 안식을 지켰을 때 보이지 않는 것은 보이는 것이 되었습니다.

당신의 아이에 대해서 안식을 지키는 것을 배우십시오. 설사 아이가 지옥을 통과하고 있다는 것을 알더라도, 아이 자신을 엉망으로 만들고 있다는 것을 알더라도 안식을 지키십시오. 그렇습니다. 안식을 지키는 것을 꼭 배우십시오. 왜냐하면 우리는 가장 높은 하느님의 아이들이기 때문입니다. 우리도 스스로를 엉망진창인 상태로 몰고 갔던 적이 있지 않았습니까? 하지만 우리 영혼 깊은 곳 안에 있는 그분은 "그대는 다시 태어날 것이다."는 약속에 대해 안식을 지키고 있습니다. 우리가 우리의 창조력을 이용해서 약속을 얻어내는 것이 아닙니다. 그분은 우리에 대해 안식을 지키고 있는 중이며, 세상에 어떤 힘도 하느님의 사랑으로부터 우리를 갈라놓을 수 없습니다.

바울이 로마인들에게 쓴 편지 마지막 3절을 읽어보십시오. 죽음도 생명도 그리고 자신이 생각해낼 수 있는 모든 힘들에 대해 언급하고는, "그것 모두도 하느님의 사랑으로부터 우리를 갈라놓을 수 없더라."고 말합니다.

그날에는 땅 위에 거인들이 있었더라.
그리고 우리들이 스스로를 볼 때
마치 메뚜기와 같이 보더라.
그러니 그들이 보기에도 메뚜기와 같더라.

지금 현재 우리들의 이야기입니다. 주위를 둘러보면 거인들이 살고 있습니다. 실업과 전쟁의 위협 그리고 여러분 개인적인 문제들, 이런 모든 것이 여러분을 위축시키고 있습니다. 바로 이런 것이 여러분을 메뚜기처럼 느끼게 하는 거인입니다.

하지만 중요한 것은 여러분이 먼저 자신의 눈으로 스스로를 메뚜기로 보았기 때문에 그 거인들의 눈에도 메뚜기로 보였던 것입니다. 다르게 표현해보자면, 여러분이 스스로를 어떻게 보느냐에 따라 다른 이의 눈에도 똑같이 비춰지게 됩니다.

그래서 여러분 자신을 새롭게 평가하고 스스로를 모든 권능의 중심인 거인으로 느낀다면 작은 존재들이 여러분을 거인으로 보게 될 것이고 작은 존재들은 메뚜기가 됩니다.

[세상은 당신의 명령을 기다리고 있습니다]

WHAT IS MAN?
인간이 무엇이길래?

그대들은 신들이고,
그대들 모두는 가장 존귀한 자의 아들들이라.
그럼에도 불구하고 그대는 인간들처럼 죽을 것이고,
한 인간으로 추락할 것이더라.
오, 그대 왕자들이여!

　-시편 82장

로버트 펜 워렌이 쓴 짧은 시가 있습니다. 이 시의 마지막 구절을 보겠습니다. 주에 관해 말하고 있습니다.

"그는 자아의 어두운 구덩이 안을 응시하니, 그곳은 모든 것이 솟아오르는 곳이더라. 그가 말했다. '인간은 무엇이길래, 내가 그렇게 마음을 써야 하는가?'"

인간은 무엇입니까? 위대한 일들이 일어나는 곳은, 당신 안이고, 한 사람 한 사람 안입니다. 하느님의 왕국은 당신에게 다가오고, 그곳은 당신 안에서 나옵니다. 다윗의 계보는 당신 안에 뿌리를 두고 있고 그것의 완성된 것 또한 당신 안에 있습니다. 그 전부는 실제로 개개인들 안에 담겨 있습니다.

우리는 이 광활한 세상이 진짜라고 생각합니다. 전 이렇게 말하겠습니다. 보이는 왕국이 진짜가 아니고 보이지 않는 왕국을 진짜로 믿는 것이야말로 가장 위대한 믿음의 행위라고! 이런 믿음으로 바라본다면 지상의 왕국은 이미 주와 주의 그리스도의 왕국이 되었습니다.

그리스도, 메시아, 기름부어진 자라는 단어는 서로 바꿔쓸 수 있습니다. 그리스도는 하느님의 아들로 불리는데, 기름부어진 자도 하느님의 아들을 말하고, 메시아도 마찬가지입니다. 자, 이제 메시아가 누구인지, 메시아란 무엇인지, 어디에 메시아가 있는지에 대해 보겠습니다. 전 메시아가 당신 안에 있다고 말합니다. 바울이 "그대가 시험에 통과하지 못했다면 그대 안에 예수 그리스도가 있다는 것을 알지 못하더라."고 말했을 때 바울은 그리스도를 예수와 분리했습니다. 그는 예수를 주라고 말합니다. "성령을 제외하고는 그 누구도 예수를 주라고 말하지 못하더라." 그는 예수를 주로 말하고, 그리스도를 주가 아닌 다른 것으로 말합니다. 요한계시록에서는 주와 주의 그리스도라는 표현을 씁니다.

예수가 아버지라는 것을 당신은 어떻게 알게 될 것입니까? 예수는 당신에게 이렇게 말합니다.

"나는 아버지더라. 나를 보는 자는 아버지를 보는 것이더라."

만일 그가 아버지라면 아들이 있을 겁니다. 아니 적어도 아이 하나는 있을 겁니다.

사도행전을 보겠습니다. 4장에서 다음의 구절을 볼 수 있습니다.

"오, 절대권력의 하느님이여, 땅과 바다와 그것들 안의 모든 것을 만드신 이여, 그리고 그대의 종이자 우리의 조상 다윗의 입을 통해 이르시기를, 어찌하여 나라는 분노하고, 어찌하여 백성들은 주와 그의 기름부어진 자에 대항하여 공허한 것들을 상상하는가 라고 말했더라."

킹 제임스 버전의 성경에서 '기름부어진 자(anointed)'라는 단어는 당연히 '그리스도(Christ)'로 해석됩니다. 그래서 주 예수 그리스도가 아닌, 주 예수와 그의 아들 그리스도가 됩니다. 그리스어로 '그대의 종 다윗'에서의 '종(servant)'은 '아들'을 뜻합니다. 시편 2장에서 볼 수 있습니다.

시편 18장에서 또한 다윗을 저자라고 말했던 사람을 볼 수 있습니다. 읽어보겠습니다.

"당신은 당신의 왕에게 위대한 승리를 주고, 당신의 기름부은 자에게 불변하는 사랑을 주더라. 그는 메시아요, 그는 하느님의 아들이더라."

뿌리에 대해 말하고 있는 다음의 문장을 보겠습니다.

"누가 성경을 열 것인가? 누가 그것에 의미를 줄 것인가?"

요한계시록 5장에서는 이렇게 말합니다.

"그는 책을 보았으나, 일곱 개의 봉인들로 봉인되었더라. 그러자 지혜로운 자가 묻기를, '누가 그 책을 열 수 있는가? 누가 그 봉인을 풀 수 있는가'라고 하더라."

누가 다윗의 뿌리입니까? 책의 마지막으로 가보겠습니다. 여기서 예수는 천사에게 말합니다. "요한에게 내가 다윗의 뿌리이자 자손이라고, 즉 광명한 새벽별이라고 말하라."

예수가 뿌리입니다. 예수가 다윗의 아버지입니다. 또한 자손이기도 합니다. 그래서 할아버지와 손자는 같은 존재 속의 하나입니다. 나는 다윗의 선조이자 자손입니다. 다윗은 하느님의 변함없는 아들입니다.

이 자손은 무엇입니까? 당신으로부터 나옵니다. 그는 당신 안에 묻혀 있습니다. 어느 날, 당신이 이것을 경험하게 될 것입니다. 당신이라는 존재로부터 다른 이가 나오는 것이 아니라, 당신 자신이 나오게 됩니다. 그리고 당신은 당신이 다윗의 아버지라는 것을 알게 될 것입니다. 왜냐하면 당신이 그를 보았을 때 그는 당신을 아버지라고 부를 것이기 때문입니다. 당신은 그가 당신의 아들임을 알아보게 됩니다. 이 관계에 대한 확신은 조금도 흔들리지 않을 것입니다. 이것은 전부 인간 안에 묻혀 있습니다.

"인간이 무엇이길래, 내가 마음을 써야만 하는가?" 이것은 성서의 문장이 아닌, 로버트 펜 워렌의 시입니다. 성서에서는, 시편의 저자가 "인간이 무엇이길래, 그대는 그를 마음에 두고 있는가?"라고 적고 있기 때문입니다. 시인은 이 문장을 주의 시각에서 "왜 나는 인간을 마음에 두고 있는가?"로 바꿨습니다.

왜 그럴까요? 인간 안에 전체가 들어 있기 때문입니다. 이 모험 전체는 이미 끝났습니다. 이것 모두는 인간 안에 있습니다. 이미 모든 것은 이루어졌기 때문에 세상의 왕국은 이미 주와 주의 그리스도의 왕국이 되었습니다. 이 일은 계속해서 개개인들에게서 이루어지고 있습니다.

이 일은 제 안에서도 이루어졌습니다. 성경에서 말해졌던 모든 것을, 제가 영적인 감각 안에서 경험했습니다. 하지만 이 일이 제게 일어났을 때 그 경험은 이 방처럼 진짜 세상의 경험이었습니다. 입체적인 현실이었습니다. 신기루 같은 것은 없었고, 모든 전체가 현실이었습니다. 내 안에서 하나가 펼쳐지고, 그 후에 또 하나가 펼쳐집니다. 그런 후 당신은 자신이 누구인지를 알게 됩니다. 정복한 자이자, 다윗의 뿌리인, 유다일파의 사자(예수)가 다윗을 발견한 후부터 성서는 의미를 얻기 시작했습니다. 오직 아들만이 아버지를 드러낼 수 있습니다.

"아버지를 제외하고는 아들이 누구인지를 알지 못하고, 아들과, 아들이 아버지를 나타내기 위해 선택한 자가 아니고서는 그 누구도 아버지가 누구인지를 알지 못하더라."

당신은 예수가 하느님의 아들이라는 것을 믿으라고 배웠습니다. 예수 그리스도를 마치 하나의 이름처럼 배웠습니다. 전혀 그렇지 않습니다. 그것은 주 예수와 하느님의 아들인 주 예수의 그리스도를 말합니다. 그리고 그 하느님의 아들은 다윗입니다. 다윗의 지파(支派)가 당신 한 사람, 한 사람 안에 묻혀 있습니다. 당신은 그것을 마지막 부분까지 다 성취하게 될 것입니다.

이 불변하는 성서의 역사는 전부 인간 안에 담겨져 있기 때문에 지상의 왕국 모두는 사라질 것이고, 뒤에 어떤 흔적도 남기지 않을 것입니다. 하느님은 정말 인간 안에 묻혀 있습니다. 구약에서는 여호와, 신약에서는 예수라고 부릅니다. 그런데 이것은 인간 안에 묻혀 있는 같은 존재이고, 그분의 아들은 그분과 함께 있습니다. 이 이야기 전체는 아버지와 아들 사이의 관계에 대한 것이고, 당신은 어느 날 아버지를 찾게 됩니다.

세상 전체가 들고 일어나, 제 말에 반대를 하더라도 그건 제게는 아무 의미도 없습니다. 왜냐하면 저는 제 경험을 이야기하고 있기 때문입니다. 이론을 전개하거나, 사색을 바탕으로 하는 이야기가 아니라, 제가 경험한 것을 정확하게 이야기하고 있습니다.

지금 당신 안에 갇혀 있는 것이 해방될 날이 올 것입니다. 당신의 몸은 위에서부터 아래까지 둘로 갈라질 것이고, 그 안에 수세기 동안 속박되어 있던 영은 해방될 것입니다. 해방의 순간 그는 불뱀처럼 위로 솟게 됩니다.

2세기의 고대 교사들은 인간 안의 그리스도인 이 존재에 대해 "고통 받는 종," 혹은 "광야의 뱀"이라고 말했습니다. 2세기의 작품들에서 찾아볼 수 있을 것입니다. 광야의 뱀은 구세주로 불렸고, 만일 그것을 보게 된다면 구원을 받게 됩니다. 그런데 실상은 그 뱀을 보는 것이 아니라, 경험하게 됩니다.

그는 맹인들의 눈을 뜨게 하고는 "무엇이 보이느냐?"라고 물었습니다. 그들은 "인간들이 보입니다. 그런데 움직이는 나무처럼 보입니다."라고 대답했습니다. 이것은 완벽한 비전입니다. 당신이 인체해부도에서 사람들을 볼 때처럼 피부 안쪽을 보게 된다면 몸의 커다란 신경과 신경센터, 혈관, 정맥과 동맥들, 이것들이 모두 뇌에 뿌리를 둔 채 밑으로 자라고 있는 것을 볼 수 있습니다. 나무가 거꾸로 서 있는 모습입니다. 나무처럼 보이지만 위

아래가 뒤집어져 있을 것입니다. 뿌리는 그대로일 것입니다. 뿌리는 뇌이고, 그곳에서 나무가 자랍니다.

이 나무는 지금은 밑을 향해 생식기 안으로 자라고 있습니다. 하지만 시간이 지나면 그것은 부활(하늘)속으로, 즉 위를 향해 방향을 바꾸게 됩니다. 제가 보았던 환상이 하나 기억납니다. 아마 12년 전 즈음이었을 겁니다. 그 남자는 지금은 이 세상을 떠났습니다. 그는 애틀리가 노동당의 당수였던 시절 노동당의 2인자였습니다. 어느 날 밤 놀라운 환상 속에서 그를 보았습니다. 한 무리의 사람들과 함께 있었는데, 그들은 모두 방향이 위를 향하고 있었습니다. 수사슴들처럼 보였습니다. 머리에서부터 자라고 있는 그들의 뿔은 거의 하늘까지 닿아 있었습니다. 그는 뿔 가지 하나를 뽑아서 자신의 머리에 심었습니다. 이렇게 하면 저들이 누리고 있는 힘을 자신도 갖게 될 것이라 생각했습니다. 그는 달려서 점프를 했지만 이내 앞으로 고꾸라지고 말았습니다. 그로서는 어떻게 저들이 협곡을 쉽게 건널 수 있는지를 이해할 수 없었기 때문에 계속 시도를 해보고, 또 시도를 했습니다. 하지만 그때마다 실패를 했습니다. 왜냐하면 그는 세상 사람들이 하려고 하는 방식으로, 즉 일을 외부로부터 하려고 했기 때문입니다.

외적인 의례들, 외적인 의식들, 사람들이 서로에게 주는 외적인 호칭들 모두 아무런 의미가 없습니다. 힘은 전혀 그런 방식으로 작동하는 것이 아닙니다. 모든 것이 내부에 있기에 힘도 모두 내부로부터 나옵니다. 성전이 완전히 갈라지는 것을 통해 인간은 방향 전환이 이루어집니다. 그때 성전의 장막이 위에서부터 아래까지 찢어지기 때문입니다. 척추의 밑 부분에서 황금색의 맥동하는, 액상의 빛을 보게 될 것입니다. 그것을 보고 있을 때 당신이 바로 그것이라는 것을 알게 될 것입니다. 당신은 실제로 당신 자신을 보고 있는 것입니다. 하지만 형태가 없는 나로서 보게 됩니다. 당신은 그것과 동화되어 하나가 됩니다. 그 후에 불뱀이 되어서 뇌를 향해 위로 올라가서는, 천둥처럼 진동하게 됩니다. 그 후에는 완전한 방향 전환이 이루어지게 됩니다. 생식기(아래)를 향해 흐르던 에너지는 부활(위)을 향해 완전한 방향전환이 이루어집니다.

이 경험이 있은 직후, 팰리스 호텔 로비를 걸어갔습니다. 샌프란시스코의 관중들에게 제가 겪은 것에 대해 언급한 적은 없었고, 위대한 예술가 한분과의 약속 때문에 로비로 곧장 향했습니다. 제가 걸어서 문을 통과할 때 그녀는 정신이 나간 사람처럼 종이 조각에 무언가를 휘갈겨 그렸습니다. 그리고는 제게 건넸습니다.

저의 모습이었는데, 제 머리에서 뿔이 나와 있었습니다. 그녀는 "네빌, 이것들이 천장보다 더 길었어요(팰리스 호텔 로비 천장은

3층 높이였습니다.) 문으로 들어올 때 어떤 것도 걸리지는 않았어요. 그것들을 거쳐 지나갈 때도 어디에도 걸리거나 하지 않았어요. 이것들이 뿔처럼 당신 머리에서 솟아 있고 천장을 거쳐 있는 것을 보았는데 아무것에도 걸리지 않더군요."라고 말했습니다.

네, 저는 그 경험을 했습니다. 만일 제가 경험한 것들을 당신이 다른 사람들에게 말한다면 "그 사람은 미쳤구나. 왜 그런 사람의 말을 듣는 데에 돈을 낭비하는 거야?"라고 말할 것이기 때문에 저는 이 이야기를 누구에게도 하지 않았습니다. 하지만 이것들은 진실입니다.

다음은 이사야 22장의 이야기입니다. 그는 이제 봉인을 깰 수 있는 자에 대해 말하려고 합니다. 22장 23절에서 다윗의 뿌리에 대해 말합니다. 그는 못을 받게 될 자에 대해 말합니다. 그는 단단히 걸어 그를 견고하게 하려고 합니다. 그는 다윗의 열쇠를 그의 어깨에 걸 것이고, 그러면 그 자는 당분간 다스리게 될 것입니다. 그는 하느님처럼 다스리게 될 것입니다. 그 이후에 못은 부서질 것이고, 그러면 이스라엘의 모든 짐들은 그의 어깨에서 떨어지게 될 것입니다. 하지만 잠시 동안은 그 짐을 지니게 될 것입니다.

그때 보았던 방만큼 크지는 않지만 오늘밤 이 방도 네모나고 방으로 들어오는 문이 하나입니다. 저는 바닥에 앉아서 열두 명의 사람들과 이야기를 나누고 있었습니다. 제가 하느님의 세상에 대해 설명하고 있었을 때 열두 명 중 한명이 갑자기 뛰어오르더니 방에서 나갔습니다. 저는 그가 무슨 일을 할 것인지를 정확히 알고 있었습니다. 그는 자신이 들었던 것을 폭로하게 될 것입니다. 왜냐하면 저는 다른 왕국에 대해서 말하고 있었기 때문입니다. 이 세상의 왕국이 아니라, 제가 왕이라는 것을 자연스럽게 암시하는, 하느님의 왕국입니다. 그것은 하나의 왕국이며, 그것은 하나의 실체이며, 그곳의 왕은 바로 당신입니다.

아주 멋진 옷을 아름답게 입고 있는, 약 6.6피트 가량의 한 잘생긴 남자가 들어서자마자 그는 잽싸게 방문을 통해 나갔습니다. 자줏빛 옷과 1세기의 온갖 아름다운 것들을 걸치고 있었습니다. 그는 마치 군인처럼 일직선으로 방으로 들어와서, 방의 제일 구석 쪽으로 걸어갑니다. 그는 직각으로 몸을 돌려 구석 쪽으로 걸어갑니다. 또 다시 그 군대는 몸을 틀어 이제는 중앙으로 걸어옵니다. 그는 중앙으로 와서 내 앞에 섭니다.

그가 방 안에 들어설 때 우리 열두 명이 일제히 일어나 주목할 정도로 그는 중요한 인물입니다. 그가 내 앞에 와서 서자, 수행원이 나무망치 하나와 못 하나를 그에게 건넵니다. 그는 내 어깨에 연속해서 못질을 했습니다. 고통스럽지는 않았지만 못질을 하는 것이 느껴지긴 했습니다. 그리고는 수행원이 건넨 아주 날카로운 도구를 집어서 한번 빠르게 휘두르니 저의 소매가 잘라져 나갔고, 반대편을 잡아 당겨서 찢었습니다. 그건 아름다운 연한 푸른색이었습니다. 정말 아름답고, 굉장한 천이었던 것이 기억납니다.

그는 팔을 뻗어 성호를 긋고는 저를 안고서 목의 오른쪽에 입을 맞췄습니다. 저 역시 그의 오른쪽 목에 입을 맞췄습니다. 그리고는 전체 장면은 사라졌고 그렇게 성서의 내용이 이루어졌습니다.

모두가 이것을 경험하게 될 것입니다. 모두가 저 힘을 행사할, 저 권한을 행사할 기회를 갖게 될 것입니다. 이 드라마 전체는 한 사람, 한 사람 모두에게 담겨 있기 때문에 모두가 이 경험을 하게 될 것입니다. 저는 복수의 여러분에 대해 말하는 것이 아니라, 단수의 당신에 대해 하는 말입니다. 바로 그렇기 때문에 그분이 당신을 마음에 두고 있다고 말하는 이유입니다. 그분의 모든 비밀이 바로 당신 안에 담겨 있습니다. 담겨 있는 전부가 펼쳐질 때 당신은 하느님 아버지가 됩니다. 왜냐하면 그분이 아버지이기 때문에 아들이 있고, 그분의 아들은 다윗이고, 다윗은 당신을 아버지라고 부르기 때문입니다.

다윗은 기름 부어진 자입니다. "그분은 그분의 기름 부어진 자인 다윗과 그 자손들에게 변치 않는 사랑을 보이시더라."

그래서 나는 다윗의 뿌리이자 자손입니다. 그 뿌리는 접목한 나뭇가지입니다. 당신은 생명의 나무에서 꽃봉오리를 가져다가 그것을 앎의 나무에 접붙이기 합니다. 이것이 결실을 가져오는 시간이 됐을 때 당신은 이것이 생명나무의 열매이지, 접붙이기 된 앎의 나무의 열매가 아니란 것을 알게 될 것입니다. 이것이 접붙이기가 하는 일입니다.

품질이 좋은 꽃봉오리와 접붙이기할 가지를 골라서 다른 나무에 이식하는 것을 통해 접붙이기를 합니다. 나무가 자라서 열매를 맺을 때 그것은 접붙이기 한 나무의 열매가 아니라 봉오리와 가지를 가져온 나무의 열매입니다. 우리는 모두 생명의 나무에서 가져온 존재입니다. 바로 예수입니다.

"나는 부활이요 생명이라."

완전한 나무가 있고, 우리가 이제 그 생명의 나무에 접붙이기 되는 것, 이것이 신에게 바치는 제물입니다. 우리가 자랐을 때 우리는 우리 아버지 나무와 어떤 점에서도 다르지 않습니다. 같은 힘, 같은 권능, 같은 지혜, 아버지가 가졌던 모든 것이 주어집니다.

접붙이기 하는 것을 본 적이 있습니까? 제 어머니에게는 아름다운 장미들이 있었습니다. 그것들을 정말 좋아했습니다. 어머니가 접붙이기 하는 모습이 눈앞에 어른거립니다. 접붙이기만큼은 어머니가 직접하고 싶어 했습니다. 정원사는 마당을 청소하고,

구멍을 파고, 비료를 주고, 물을 주는 일을 하지만 접붙이기할 때가 되면 그것만큼은 어머니가 직접 하려고 했습니다. 어머니는 접붙이기 할 것을 고르고, 꽃을 피게 할 튼튼한 나무를 고릅니다. 그렇게 접붙이기를 해서 그곳에서 피어나는 것은 접붙이기 할 것을 가져왔던 나무의 장미입니다.

야고보서에 "그대의 영혼을 구원할 수 있는, 심어진 말씀을 순종적으로 받아들여라."라고 한 것처럼 당신은 접붙이기 된 존재입니다. 당신은 더 이상, 생식기관으로 내려가고 있는 앎의 나무를 먹지 않게 될 것입니다. 그것이 완전하게 취해지고, 시간이 무르익었을 때 당신은 복음서에서 예수 그리스도에 기록된 열매를 맺게 될 것입니다.

이사야 52장에서는 "주의 팔이 누구에게 나타났느냐? 누가 우리의 말을 믿더냐?"라고 말합니다. 당신은 이 말씀을 믿어야만 합니다.

한 남자가 40일 낮, 40일 밤 동안 광야에 가게 되었을 때 홀로 지내며 유혹을 받습니다. 한 복음서의 저자는 이 유혹에 대해 자세하게 기술하고 있습니다. 누군가 그에게 이야기한 것이 아니라면 어떻게 이것에 대해 알았을까요? 그 경험을 했던 사람이 그 이야기를 그들에게 하지 않았다면 어떻게 그것을 알 수 있을까요? 누군가 말하지 않았다면 내려오는 비둘기에 대한 경험을 누구도 알 수 없었을 것입니다. 오직 그만이 그것을 보았다고, 마가복음에 실제로 기록되었습니다. 그것을 경험했던 사람을 제외하고는 그 누구도 보거나 경험하지 못했습니다. 그래서 그것을 경험했던 자가 말했던 것입니다.

저는 그 경험을 당신에게 말했습니다. 일정한 기간 동안 이 사건들은 제게 전개되었습니다. 이 경험들을 통해 자신이 누구인지를 알게 됩니다. 당신이 하느님이 되는 마지막 순간까지 저는 계속해서 당신에게 말할 수 있습니다. 당신이 다윗의 아버지라고 말할 수 있지만, 정말 당신을 확신시킬 수는 없습니다. 당신이 직접 그 경험을 해야만 하고, 분명 당신은 그렇게 될 것입니다.

그리스도는 하느님의 진실을 목격한 자입니다. 저는 그리스도의 진실을 목격한 자입니다. 왜냐하면 그리스도가 성유 부어진 자이고, 성유 부어진 자는 다윗이기 때문입니다.

"나는 다윗을 찾아냈고, 나의 성유를 그에게 부었더라."

그리스도 아이가 있습니다. 그리스도 젊은이가 있습니다. 그는 영원히, 영원히 그 역할을 할 것입니다. 어느 날, 당신이 깨어나게 될 때, 당신은 다윗의 아버지이기 때문에 자신이 주라는 것을 알게 될 것입니다. 다윗이 당신을 아버지라고 부르기 전까지는 당신이 주라는 것을 알지 못할 것입니다. 다윗이 당신을 아버지라고 부르게 되면 이 관계에 조금의 의심도 사라지게 됩니다.

그건 마치 기억이 돌아와 모든 것이 다 생각나는 것과 같습니다.

꽃봉오리의 기억은 거대해, 부모가 담고 있는 것들을 펼쳐냅니다. 하느님이 아버지이고 나는 그 아버지라는 나무로부터 가져와서 이 척박한 육신에 심어진 것이라면 꽃봉오리가 심어져 자라게 될 때 나는 분명 아버지가 됩니다. 나는 내가 접붙이기로 가져온 그 나무와 같은 꽃을 피울 것이고, 같은 열매를 맺게 될 것입니다.

우리는 모두 하느님의 말씀이 접붙여진 존재이기에 하느님의 과실을 맺게 될 것입니다. 그러면 당신은 완전히 다른 옷을 입고, 완전히 다른 세상에 들어갑니다. 살과 피라는 이 땅의 옷은 하느님의 왕국을 상속받을 수 없기 때문입니다. 이 몸뚱어리는 더 이상 그 세상에서는 활동할 수 없습니다. 완전히 새로운 몸이 필요합니다. 저는 그 몸을 천국이라 부릅니다. 왜냐하면 당신이 그 몸을 두르고 있는 곳이 어디든지, 모든 것이 완벽해지기 때문입니다. 지옥 한 가운데를 지나간다면 당신 주변의 것들은 더 이상 지옥이 아니게 됩니다. 당신 안에서 솟아나는 완벽함에 맞추어 주변의 세상은 변화됩니다. 당신이 완벽하기 때문에 당신이 어딜 가더라도 완벽함만을 보게 됩니다. 당신의 몸은 완벽합니다. 불멸합니다. 사라지거나, 약해지는 일이 없습니다. 그것은 불멸하는 당신입니다.

어느 날 당신은 그것을 보게 될 것입니다. 그것은 나오게 될 것입니다. 당신이 그 몸을 두르게 되었을 때 마치 불과 공기를 입은 것처럼 느껴질 것이고, 누군가를 변화시키는 데에 손가락 하나 까딱할 필요조차 없을 것입니다. 당신 주변에서 그들은 변화됩니다. 그들이 장님이라면 당신은 어떤 일을 하지 않아도, 심지어 동정조차 하지 않아도 그들은 당신 옆에서 눈을 뜨게 됩니다. 귀머거리는 듣게 되고, 팔이 없는 자는 팔이 자라나 원래 자리에 돌아오는 것을 보게 됩니다. 다리가 없는 자는 새로운 다리가 그 자리에 생겨나게 됩니다. 당신이 가는 곳 어디든 모든 것은 완벽해집니다. 당신은 살아 있는 하느님이기 때문에 당신 곁에서는 그 무엇도 죽음을 겪지 않습니다. 당신은 부활이며 생명입니다.

이것이 당신의 미래입니다. 이것이 당신의 운명입니다. 저는 오래 떠나 있을 것입니다. 하지만 당신은 이 이야기들을 들은 후에 이것들을 이야기하게 될 것입니다. 시간은 이 이야기가 진실이라는 것을 증명할 것이기 때문에 사람들은 거부할 수 없습니다.

당신은 현재, 말로써는 이 이야기를 부정할 수 있습니다. 하지만 성서 속에서는 부정할 수 없습니다. 제게 성경을 가져와보세요. 당신이 성경을 안다고 생각한다면 함께 펼쳐보겠습니다. 저는 제가 말했던 모든 것을 성경 안에서 확인시켜드릴 수 있습니다. 제가 말했던 모든 것은 다 그곳에 있습니다. 하지만 우리 인간은 이상한 교육을 받았습니다. 그래서 이곳에 나오는 인물들로 인해 완전히 혼동을 겪고서는, 이제 그를 외부에 걸어 넣고는 그것을 숭배합니다. 그러지 마십시오.

맨 마지막 순간에 그들은 그 앞에 무릎을 꿇었고, 그는 "일어나라, 그대는 인간이고, 나도 그대처럼 인간이라."고 말했습니다. 당신이 깨어나는 마지막 순간에 당신 역시 하느님이 되기 때문에 그는 자신이 숭배되는 것을 원치 않습니다. 세상에는 유일한 하느님이 있고, 그의 아들이 있습니다. 그의 아들이란, 그의 의지입니다. 아들은 아버지의 뜻을 언제나 행합니다.

그가 아들의 진실을 목격한 자라는 것을 당신은 알게 될 것입니다. 왜냐하면 당신은 아들을 보게 되어, 아들이 정말 존재한다는 것을 알게 될 것이기 때문입니다. 그 아들은 부활을 했고, 아들의 이름은 다윗입니다. 한 명의 사람으로서의 다윗이 아니라, 유일한 다윗인, 고유명사의 다윗입니다. 당신 앞에 서 있는 자가 다윗이라고 당신에게 말해줄 필요가 없습니다. 당신은 그가 다윗이란 것을 알게 됩니다. 그 모습은 정말 제가 당신에게 말했던 대로, 제가 당신에게 묘사했던 그대로입니다.

이제 법칙의 작은 부분을 당신에게 보여주겠습니다. 우리가 살고 있는 세상은 정말 마음의 세상입니다. 모든 일은 인간의 상상력 안에서 일어납니다. 정말 모든 것이 상상력 안에 자리 잡고 있기 때문에, 당신이 이 외부세상에서 보고자 하는 것이 있다면 먼저 그것들을 상상력 안에 자리 잡게 하십시오. 원하는 사람이 되었다는 것을 기정사실로 받아들이십시오. 당신이 이미 그렇다고 믿으십시오. 이것이 사실이라면 당신이 느꼈을 감정을 찾아내십시오. 그것에 현실의 분위기와 느낌을 주고 난 후 잠에 드십시오. 원하는 사람이 이미 되었다는 가정 속에서 깊은 잠에 드십시오. 해보십시오. 그러면 제 경험상, 당신은 당신이라고 받아들인 사람이 될 것이라고 보장하겠습니다. 당신이 그 존재라는 것을 이미 받아들였기 때문에, 당신은 이미 그 존재가 되었습니다.

세상의 모든 것은 다 그렇습니다. 세상 모든 것은 단지 상상력일 뿐입니다.

"그대가 바라보는 모든 것은, 그것이 외부에 드러난 것처럼 보일지라도 실은 그대의 상상력 안에 존재하고, 이 유한한 세상은 그것의 그림자일 뿐이라."

당신은 모든 것을 이 세상 안에 가져오고 있습니다. 무언가를 잃어버리더라도 당신은 다시 반복해서 가져올 수 있습니다. 실체는 결코 사라지지 않습니다. 이것은 그림자 세상이기 때문입니다. 어떻게 그것을 다시 세상 속으로 다시 가져옵니까? 하나의 상태를 깊게 생각하고, 다시 한 번 사실로 받아들임으로써 가능합니다. 원하는 사람이 되었다고 지금 당장 느끼십시오. 그러면 그것을 다시 당신의 세상 안으로 돌려놓는 일을 하는 것입니다. 우리는 무언가가 없어졌을 때 영영 사라져버렸다고 생각하지만 그렇지 않습니다. 그것의 불멸하는 형체는 영원하고 결코 사라지지 않습니다.

당신도 언젠가 이 경험을 하게 될 것입니다. 이 경험을 하게 된 날, 사람들이 달리 보일 것입니다. 세상 모든 것이 달리 보일 것입니다. 그것을 보았을 때, 그리고 자신을 통제하고 있을 때, 당신은 세상 전체가 죽어 있다는 것을, 실제로 죽어 있고 당신이 그 죽어 있는 세상에 생명을 주는 실체라는 것을 알게 될 것입니다. 당신 주변의 모든 것은 마치 진흙으로 만들어진 것처럼 꼼짝 않습니다. 시간은 정지됩니다. 그리고 당신이 당신 안에서 그 움직이지 않고 있는 것에 활동성을 부여하면, 모든 것이 그 목적한 바를 이루기 위해 계속해서 움직이게 될 것입니다. 그러면 당신은 움직임이란 것이 어디에 있었는지를 깨닫게 됩니다. 그것 모두 당신 안에 있었습니다. 당신이 모든 것의 원인입니다.

한 시인이 원래의 문장을 바꿔서 "그분은 모든 것이 솟아올랐던 자아의 깊은 웅덩이를 주시했다"고 표현한 것은 옳았습니다. 모든 것이 솟아오른 곳은 바로 인간의 자아입니다. 하지만 인간이 그곳으로부터 나오자, 그것들은 모두 죽은 것처럼 움직이지 않았습니다. 그래서 그분은 그 자신을, 그 실체를 인간 안에 묻었고, 그러자 인간은 살아 있는 존재가 되었습니다. 그분의 존재로 인하여 죽음은 잠으로 바뀌었고, 그분은 삶이란 꿈을 꿉니다. 이것은 삶이란 꿈입니다. 꿈이 끝나게 될 날이 올 것입니다. 끝나는 마지막 순간에 당신은 꿈꾸는 자로서 깨어나게 될 것이고, 꿈꾸는 자는 하느님이 됩니다.

불경스러워보일지 모르지만 저는 진실을 말하고 있습니다. 당신은 결코 미물(微物)이 아닙니다. 당신은 하늘에서 내려온 존재입니다. 하늘로 올라갔던 사람만이 하늘로부터 내려올 수 있습니다. 내려오지 않았던 사람은 결코 올라가지 않습니다. 당신은 내려왔습니다.

성서를 주의 깊게 읽어보십시오. 성서에서는 예수와 그의 아들 그리스도의 선재(先在, pre-existence)에 관해 말하고 있습니다. 요한복음 17장입니다.

"세상이 있기도 전에 내 것이었던 영광을 내게 돌려주소서."

그는 세상이 있기도 전에 아버지와 함께 자신이 지녔던 영광을 돌려달라고 간청합니다.

"아버지, 당신께서 제게 주셨던 일을 마쳤나이다. 이제 그대 자신으로, 세상이 있기도 전에 그대와 함께 있었던 영광으로 나를 영광되게 해주소서." 이것은 선재에 관한 이야기가 아닙니까?

이 세상에서 그 영광(광휘)은 따로 챙겨놨습니다. 그는 자신에게 주어진 일을 다 했기 때문에 이제 그것을 돌려달라고 합니다. 일을 마치고 돌아가고 있습니다. 내려온 자만이 다시 올라갈 수 있습니다. 내려온 자가 아니라면 그 누구도 올라가지 못하기 때문에 만일 내려오지 않았다면 올라갈 수 없습니다.

당신은 정말 내려온 자입니다. 우리 모두는 함께 내려왔습니다. 우리 모두를 태우고 있는 한 사람이 떨어졌습니다. 세상의 기틀이 세워지기도 전에 그분은 그분 안에서 우리를 선택했습니다. 그분이 내려왔다면 우리 모두는 그분 안에서 내려왔습니다. 그분이 십자가형을 받았다면, 우리 모두는 십자가형을 받았습니다. 우리는 나무에 매달린 자들입니다. 사도행전에 "그들이 그를 나무에 매달았다."고 말하지 않았습니까? 갈라디아서에서는 "그가 나무에 걸렸기 때문에 그는 스스로 저주를 짊어지더라."고 말합니다. 이것은 완벽한 나무를 말합니다. 그래서 시야가 열린 자가 사람들을 보면 걸어다니는 나무로 보입니다.

이곳이 그리스도가 매달려 있는 장소입니다. 당신이 깨어날 때까지 그분은 묻혀 있습니다. 그리고 당신이 깨어날 때 당신은 주가 되고, 그리스도의 아버지가 됩니다. 당신은 예수라고 말해진 자입니다. 당신에게는 아들이 있고, 아들의 이름은 다윗입니다. 다윗이 그리스도입니다.

그분이 우리 인류가 되었기 때문에 우리들은 모두 우주의 그리스도가 십자가형을 받은 나무입니다. 한 명의 작은 인간이 아니라, 인류 전체입니다. 여인에게서 태어난 아이들 모두는 십자가에 매달린 하느님입니다. 여기에서부터 이야기는 시작됩니다. 골고다에서 십자가형을 받았을 때 시작됩니다. 그때 하느님은 인간이 되었습니다. 그 후 베들레헴에서 인간은 하느님이 됩니다.

우리는 이 이야기를 거꾸로 만들었습니다. 그들은 십자가형이 나중에 일어난 이야기라고 생각합니다. 아닙니다. 십자가에 매달리는 사건은 이야기의 시작입니다. 바울은 말했습니다.

"나는 그리스도와 함께 십자가에 못 박혔더라. 그럼에도 나는 살더라. 그러나 내가 아니라 내 안의 그리스도가 살더라. 나를 사랑해서 나에게 그분 자신을 주었던 하느님 아들에 대한 믿음으로, 내가 지금 육신 안에서 살고 있는 생명을 사노라."

이제, 주와 하나가 된 자는 그분과 하나의 혼이 됩니다. 내가 주의 죽음과 같은 죽음 속에서 주와 하나가 되었다면 나는 주의 부활과 같은 부활 속에서 분명 주와 하나가 될 것입니다.

부활은 매순간 일어나고 있습니다. 하지만 이것을 겪은 사람들 모두에게 자신이 겪은 일을 말해야 할 사명이 주어지지는 않습니다. 많은 사람들이 오늘 밤 잠에 들면서 이곳이 아닌 곳에서 깨어나 아마도 부활의 경험을 겪지만 그 모두가 그것을 말하고자 하는 충동을 지니지는 않습니다. 하지만 저는 부름을 받았습니다. 깨어난 주가 저를 감싸 안았고 저를 세상에 보냈습니다. 그래서 저는 그것을 말해야만 합니다. 저는 그것을 말해야만 하고, 말할 것입니다. 오늘날 교사들이 말하는 방식이 아닌, 제가 경험했던 것을 말하고 있습니다. 저는 그 교사들이 가르치고 있는 것에 찬성하지 않습니다. 저도 그런 교육을 받고 자랐지만 진실이 아니란 것을 알았습니다. 제가 그 경험들을 했을 때 성서에서 제 경험들을 확인할 수 있었습니다.

"그분은 그분의 왕에게 위대한 승리를 주더라."

그리고는 자신의 변하지 않는 사랑에 대해 말합니다.

"그분은 그분의 기름부어진 자인 다윗과 다윗의 자손들에게 변하지 않는 사랑을 영원히 보여주더라."

당신은 인류로부터 나오고 있기 때문입니다

당신 안에 묻혀 있는 것은 인류로부터 나오고 있습니다. 누구입니까? 아버지와 아들입니다. "나는 뿌리이자 자손이더라." 다윗의 아버지는 다윗의 뿌리이고, 다윗의 자손은 그 아버지의 손자입니다. 하지만 그들은 모두 하나입니다. 그분은, "나는 다윗의 아버지(뿌리)이더라"고 말했습니다. 나는 뿌리이자, 또한 자손입니다.

나는 인류에게 접붙이기 되어서 태어난 과실입니다. 그분이 바깥으로 나오면 당신이 그 존재가 됩니다. 당신이 주, 즉 다윗의 선조입니다. 다윗이 당신을 아버지라 불렀을 때 당신은 자신에 대한 정체성을 조금도 잃지 않았습니다. 오직 하나의 몸, 하나의 혼, 하나의 희망, 하나의 주, 하나의 믿음, 하나의 세례, 하나의 하느님 그리고 모든 것의 아버지만이 있을지라도, 오직 일체성만이 존재할지라도 당신은 조금도 당신 자신에 대한 정체성을 잃지 않습니다. 우리는 하나의 몸입니다. 그렇습니다. 하지만 당신은 개별적인 개성이 있고, 영원히 그렇게 개성을 지닌 존재로 남아 있을 것입니다. 저는 당신의 찬란한 육신을 입은 채 당신을 알아볼 것입니다. 하지만 이것은 하나의 꿈과 같을 것입니다. 왜냐하면 우리는 삶이라는 꿈의 경험을 경험했었기 때문입니다. 우리는 이 육신을 계속 지니고 다니지는 않을 것입니다. 뒤에 남겨두고 떠날 것입니다. 그것은 아버지가 모두를 위해 계획을 세웠던 일에 대해 매우 필수적인 일입니다.

"나는 말하더라. '그대들은 신들이고, 그대들 모두는 가장 존귀한 자의 아들들이라. 그럼에도 불구하고 그대는 인간들처럼 죽을 것이고, 한 인간으로 추락할 것이더라. 오, 그대 왕자들이여.'"라고 시편 82장에서 말해졌듯, 우리 역시 추락할 것입니다. 하나의 인간은 추락해 조각조각이 났습니다. 우리는 조각이 난 존재이고, 이제 우리는 하나씩 하나씩 모이고 있는 중입니다. 그분은 우리를 부릅니다. 하나의 몸으로, 하나의 혼으로 다시 불러 모으고 있습니다.

이제 당신은 왜 하느님이 당신을 마음에 두고 있는지 알 것입니다. 당신은 그분이 보기에 귀중합니다. 그 누구 하나도 잃지 않을 것입니다. 왜냐하면 그렇게 된다면 하느님의 몸 한 부분은 비어 있는 것이 될 것이기에, 하느님은 하나라도 잃게끔 놔두지 않을 것입니다.

"내 신성한 산에 그 누구 하나도…" 예언자가 말했습니다.

오늘 제가 한 말을 집에 돌아가서 계속 생각해보십시오. 이 시저의 세상에서 당신이 간절하게 원했던 것은 이루어질 것이란 것을 알게 될 것입니다. 당신의 아버지는 당신이 필요로 하는 것을 압니다. 당신이 영적인 것들 안에서 거한다면 지상의 것들은 따라올 것입니다. 그것들 모두는 올 것입니다. 바깥에서 해야 할 것은 하나도 없습니다. 단 하나도 없습니다. 어떤 특별한 식단도, 어떤 특별한 의식이나 의례도 필요 없습니다. 제가 철저한 채식주의자였을 때가 기억납니다. 술이나 담배 같은 것도 안 했습니다. 제 오랜 친구 압둘라는, 제가 아무것도 안 하는 것을 보면서 이렇게 말했습니다.

"네빌, 자네 지금 쓸데없는 짓을 하고 있는 것을 아나?"

굉장한 충격이었습니다. 그런데 그의 말은 맞았습니다. 저는 저런 것들을 안 하기 때문에 좋아지고 있다고 생각했습니다. 그런데 제 형은 저런 것들을 하면서도 큰 부를 얻고는 저에게 돈을 보내줬습니다. 그때 전 제정신으로 돌아왔습니다. 저는 제가 옳은 일을 하고 있다는 자아도취에 빠져, 저들은 고기를 먹고, 술을 마시고, 담배를 피고, 즐기는 일들을 하기에, 좋지 못하다고 생각했습니다. 그리고는 그런 그들에게 기대면서 저만을 좋은 사람으로 생각하고 있었습니다. 오랜 친구 압은 직설적으로 제게 충격을 주었고, 쓸데없는 일을 했다는 것을 깨달았습니다. 이 일이 있고 난 후 이 세상의 것들을 받아들이기 시작했습니다. 그리고 저는 경험상, 무엇을 먹고 안 먹고, 담배를 피우고 안 피우고, 술을 마시고 안 마시는 것이 하느님의 사랑을 받느냐, 안 받느냐를 결정하지 않는다는 것을 압니다.

성경의 주인공도 술고래라는 것으로 비난을 받았습니다.

"그는 술고래이자 대주가요, 대식가이자 죄인의 연인입니다. 창녀들은 그의 친구입니다."

이 모든 것은 제가 가르치는 것의 일부입니다. 왜냐하면 이 세상의 모든 것은 하느님의 마음에 품어져 누군가가 그 역할을 하고 있는, 하느님 세상의 일부이기 때문입니다. 당신은 지금 무엇을 상상하고 있습니까? 그것이 좋은 것이든, 나쁜 것이든, 둘 다 아닌 것이든 관계없이 누군가는 당신의 상상이 만들어낸 역할을 지금도 하고 있는 중입니다. 그래서 모든 이들은 하느님에게 사랑받는 존재입니다.

성경에는 "가서 창녀와 결혼을 하라!"는 구절이 있습니다. 이것은 주가 한 충고였습니다. 우리는 모두 주와 결혼한 상태이고, 우리가 그분으로부터 등을 돌리는 순간 우리는 창녀입니다. 우리의 결혼이 소위 얼마나 성스럽든 간에 "나는 주를 섬길 것이라고 말할 것"입니다. 성서에서는 "당신의 조물주는 당신의 남편이고, 만군의 주가 그의 이름이고, 그는 이 땅 모두의 하느님으로 불리더라."라고 말합니다. 그렇습니다. 오직 한분의 하느님이 있고, 그분의 이름이 I Am이기에 내가 만일 이것이 아닌 다른 하느님에게 간다면 길을 잃은 것입니다.

하느님 바깥의 어떤 것에 고개를 돌린다면 나는 정조를 잃은 자입니다. 영원하고 영원한 그분의 이름은 I AM, 바로 주입니다. 누가 정조를 잃지 않았던 적이 있었습니까? 우리 모두는 주로부터 등을 돌리고 이상한 신들에게 가서 우상숭배를 했습니다. 이렇게 잘못된 신을 숭배하는 것은 매춘부가 되는 것입니다.

Q 성서에서 멸망의 아들을 제외하고는 그 누구도 잃지 않을 것이라는 구절이 있습니다. 멸망의 아들이 누구인지 말씀해 주세요.

A 멸망의 아들은 손실에 대한 믿음입니다. 이 세상에서 죽고 멈출 수 있는 유일한 것은 살거나 존재할 권리가 없는 것입니다. 그것은 인간이 아닙니다. 그것이 무엇인지 말해보겠습니다.

당신은 매 순간마다 두 존재에게 음식을 주고 있는데 전혀 인식하지 못하고 있습니다. 당신의 사악한 생각들은 하나의 존재에게, 당신의 사랑스러운 생각들은 다른 하나의 존재에게 영양분을 주고 있습니다. 이 존재들 둘을 동시에 만나게 될 날이 올 것입니다. 하나는 천사와 같은, 아름다운 창조물입니다. 다른 하나는 당신이 이제껏 봤던 존재 중 가장 괴물 같은, 전체가 털로 뒤덮여 있고 쉰 목소리를 내고 있는 존재입니다.

제가 이 괴물 같은 것을 봤을 때, 그것은 이 천사와 같은 아름다운 창조물을 바라보면서 어머니라고 부르고 있었습니다. 저는 참을 수 없어 그를 때리고 말았습니다. 그러자 그가 웃기 시작했습니다. 이런 것이야말로 그가 좋아하는 것이기 때문입니다. 그것은 폭력을 먹고 삽니다. 그때 저는 이것이 저에게서 나온 것이란 것을 알아챘습니다. 저는 그것의 아버지입니다. 천사와 같은 존재도 제게서 나왔습니다. 저는 그녀의 아버지입니다.

그래서 저는 제 자신에게 이렇게 말했습니다. (왜냐하면 저 외에 다른 존재가 없기 때문입니다) "만일 너를 구원하는 일이 나를 영원 속으로 데려간다면, 나는 그렇게 할 것이다." 그러자 그것 전체가 점차 작아지기 시작하더니 순식간에 사라졌습니다. 그리고는 천사와 같은 존재가 태양처럼 빛나기 시작했습니다. 괴물과 같은 존재는 저의 무시할 만한 생각들을 영양분으로 삼고, 천사와 같은 존재는 저의 사랑스러운 생각들을 영양분으로 삼고 있었습니다. 폭력으로 영양분을 공급받는 그는 제 귀에 해서는 안 되는 행동들을 속삭입니다. 제가 부끄러워할 만한 행동을 하게 된다면 이것은 그를 살찌우게 하는 양식이 됩니다. 만일 그가 제게 속삭여, 제가 누군가를 때리게끔 할 수만 있다면 그는 살찌고 강해집니다. 이것은 잘못 사용된 에너지입니다. 제가 이제껏 품었던 행복하고 고귀한 생각들 모두는 그녀에게 양식을 제공합니다.

그래서 저는 저것들이 유일하게 사라지는 것이라는 것을 경험상 압니다. 그것은 바로 인간이 창조한 것뿐입니다. 하지만 인간은 자신의 영혼이 일정한 수준까지 성장해서 저것들과 마주할 힘을 가질 때까지는 저들을 보지 못합니다. 저것은 입구의 거주자(dweller on the threshold)입니다. 그것은 우리와 언제나 함께 있습니다. 그것은 결코 우리를 떠나지 않습니다. 그것은 우리와 함께 침대에 눕고, 자신을 유지하는 데에 필요한 사랑스럽지 않은 생각들을 제 귀에 속삭입니다. 하지만 당신이 그것과 마주하게 될 때 당신은 이제껏 당신이 가졌다고 생각지도 못했던 깊은 동정심이 샘솟게 됩니다. 당신은 스스로에게 다짐합니다.

"내가 너를 구원하는 것이 나를 영원으로 데려간다면 나는 그렇게 할 것이다."

그러자 그것은 당신 앞에서 녹아버리고, 그 에너지가 당신에게 돌아갑니다. 에너지는 결코 사라지는 법이 없기 때문입니다. 만일 그것에 한 방울이라는 표현을 쓸 수 있다면 그 에너지 한 방울도 잃지 않습니다. 어떤 것도 잃지 않습니다. 모두가 다 돌아갑니다. 좋은 밤 되세요.

가슴 위에 눈이 놓여있고, 이것은 또 열매가 달려 있는 나무 위에 놓여 있습니다. 여러분이 사실로 받아들이고 인식한 것들은, 실현될 것이라는 뜻을 담고 있습니다. 인간은 가슴 속에서 생각하는 대로 그렇게 됩니다.

서른세개의계단 책들

네빌 고다드 5일간의 강의 [네빌 고다드 지음]

네빌 고다드가 1948년에 5일간에 걸쳐 한 강의와 청중들과의 질문과 대답을 묶은 책이다. 시크릿으로 대중화된 '현현의 법칙'을 보다 깊게 다루고 있다. 이론에 대한 자세한 설명과 현실에 적용할 수 있는 자세한 방법을 설명한다.

세상은 당신의 명령을 기다리고 있습니다 (양장본) [네빌 고다드 지음]

네빌 고다드가 첫 책으로 냈던, [세상은 당신의 명령을 기다리고 있습니다. 원제 *At Your Command*]와 8개의 일반 강의를 묶어서 책으로 출간했다. 마음의 법칙 전반을 다루고 있다.

네빌 고다드의 부활 [네빌 고다드 지음]

네빌 고다드의 7권의 책을 한권으로 묶었다. 그의 강의를 들었던 청중들이 보내준 많은 경험담과 '현현의 법칙'에 대한 원리를 자세하게 기술하고 있다.

믿음으로 걸어라 (양장본) [네빌 고다드 지음]

저자가 생전 중요하게 여겼던 성경의 구절들을 하나씩 풀이하여 엮었다. 마치 시처럼 한 문장 한 문장이 영혼에 닿는 듯, 읽는 이로 하여금 깊은 울림을 준다.

당신 안의 평화 (양장본) [조셉 머피 지음]

잠재의식의 힘으로 유명한 조셉 머피의 작품으로 요한복음 전체를 강의했다. 누구나 한 번씩은 접하는 성경이지만 성경에 숨겨진 상징을 알지 못하면 그 의미를 깨닫기 힘들다. 이에 조셉 머피가 한 문장 한 문장 그 숨겨진 의미를 밝힌다.

모줌다, 왕국의 비밀 (양장본) [모줌다 지음]

그리스도의 참뜻을 알리기 위해 인도에서 온 영적스승 모줌다. 그가 전해주는 쉽고도 간결한 그리스도의 메시지를 한 권의 책으로 묶었다. 동양의 지혜와 그리스도의 메시지가 모줌다에 의해 밝혀진다.

네빌 고다드 라디오 강의 [네빌 고다드 지음]

네빌 고다드가 로스앤젤레스 라디오를 통해 강연했던 자료들과 1968년이후 강연을 모았다. 이전까지의 책들이 "법칙"에 치중했었다면 이 책은 "법칙"과 "약속"을 적절히 잘 혼합했다. "약속"은 마치 꽃이 피어나듯이 우리 인간 안의 완벽한 자아도 삶과 경험을 통해 완벽하게 피어난다는 내용을 담고 있다.

웨이아웃 [조셉 배너 지음]

1900년대 초중반 미국 영성계를 이끌었던 책이자, 엘비스 프레슬리를 비롯한 많은 이들이 꼽는 최고의 책이다. 조셉 배너는 자신의 책에서 말한 풍요의 법칙과 작은 자아를 초월한 삶(Impersonal Life)을 살았던 완벽한 모범이었다. 그는 책에서 모든 사람에게는 신성한 자아가 존재하고, 사람들의 산란한 마음으로 인해, 마치 구름이 태양을 가리듯 그것이 발현되지 못하고 있다고 말한다.

임모틀맨 1,2 [네빌고다드 지음]

임모틀맨은 네빌고다드가 세상을 떠나기 직전의 강의들을 마가렛 부름 여사가 묶은 책이다. 책에서는 우리가 삶이란 꿈을 원하는 모습으로 꾸는 방법인 "법칙"과 삶이란 꿈을 꾸고 있는 우리 내부의 거대한 자아가 깨어나는 "약속"에 대해 설명한다.

상상의 힘 [네빌고다드 지음]

네빌고다드의 소책자, Awakened Imagnation과 Search와 그의 음성강의 THE UNALLOYED, THE POWER, FEEL AFTER HIM 세개를 한권으로 묶었다. 과연 상상은 힘을 갖고 있을까? 론다번, 조 바이틀리 등이 가장 존경하는 인물로 꼽았던 20세기 최고의 형이상학자인 네빌고다드의 강연을 통해 다시 한번 그 질문에 대한 해답을 찾아본다.

네빌링 [리그파 지음]

저자가 네빌고다드의 강의를 읽고 삶에서 적용해본 것을 바탕으로 잠재의식과 상상의 법칙을 설명한다. 많은 실수를 고백하고, 그것으로 인해 새롭게 깨닫게 된 경험들을 기록했다.

마음의 과학 (양장본) [어니스트 홈즈 지음]

미국의 신사상운동을 주도했던 홈즈는 종교과학이라는 단체를 설립하고, 체계적으로 자신의 학생에게 형이상학을 가르쳤다. 그 교과서가 된 책이다. 그는 이 책을 통해 인간이 왜 소우주라고 불리는지에 대한 이론적인 설명을 바탕으로, 현실에서 원리를 이용하여 문제를 해결하는 실천적 방법을 제시한다.

리액트 (양장본) [네빌고다드 지음]

이 책은 네빌고다드가 반응에 중점을 두고 강의한 것을 묶은 것이다. 반응은 우리의 삶을 옭아매기도 하고, 반대로 우리의 삶에 자유를 줄 수도 있다. 이 책을 통해 우리는 반응을 관찰해서, 바꾸는 법을 배울 수 있다.

책 내용에 관심이 있으신 분은 방문해주세요.

서른세개의 계단 블로그   http://33steps.kr

서른세개의 계단 유튜브 채널

삶이란 꿈에서 깨어나다
임모틀맨 Ⅰ

2017년 12월 25일 초판 1쇄 발행
2023년 9월 16일 5쇄 발행

지은이	네빌고다드
번 역	이상민
펴낸곳	서른세개의 계단 070.7538.0929
블로그	http://blog.naver.com/pathtolight
ISBN	978-89-97228-15-7
	978-89-97228-14-0 (세트)

잘못된 책은 바꿔 드립니다. pathtolight@naver.com